T0209479

essentials liefern aktuelles Wissen in konzentrierter Form. Die Essenz dessen, worauf es als „State-of-the-Art" in der gegenwärtigen Fachdiskussion oder in der Praxis ankommt. *essentials* informieren schnell, unkompliziert und verständlich

- als Einführung in ein aktuelles Thema aus Ihrem Fachgebiet
- als Einstieg in ein für Sie noch unbekanntes Themenfeld
- als Einblick, um zum Thema mitreden zu können

Die Bücher in elektronischer und gedruckter Form bringen das Fachwissen von Springerautor*innen kompakt zur Darstellung. Sie sind besonders für die Nutzung als eBook auf Tablet-PCs, eBook-Readern und Smartphones geeignet. *essentials* sind Wissensbausteine aus den Wirtschafts-, Sozial- und Geisteswissenschaften, aus Technik und Naturwissenschaften sowie aus Medizin, Psychologie und Gesundheitsberufen. Von renommierten Autor*innen aller Springer-Verlagsmarken.

Weitere Bände in der Reihe https://link.springer.com/bookseries/13088

Karin Meyer

Ausgewählte Stressmanagement-Methoden für die VUCA-Welt

Impulse und Anregungen für die Praxis

 Springer

Karin Meyer
Calw, Deutschland

ISSN 2197-6708   ISSN 2197-6716   (electronic)
essentials
ISBN 978-3-658-35873-0   ISBN 978-3-658-35874-7   (eBook)
https://doi.org/10.1007/978-3-658-35874-7

Die Deutsche Nationalbibliothek verzeichnet diese Publikation in der Deutschen Nationalbibliografie; detaillierte bibliografische Daten sind im Internet über http://dnb.d-nb.de abrufbar.

Planung/Lektorat: Marion Krämer
Springer ist ein Imprint der eingetragenen Gesellschaft Springer Fachmedien Wiesbaden GmbH und ist ein Teil von Springer Nature.
Die Anschrift der Gesellschaft ist: Abraham-Lincoln-Str. 46, 65189 Wiesbaden, Germany

Was Sie in diesem *essential* finden können

- Einblicke in die Rahmenbedingungen der VUCA-Welt
- Relevanz des multimodalen Stressmanagements
- Handlungsebenen des multimodalen Stressmanagements
- Ausgewählte Ansätze und Methoden des instrumentellen, kognitiven und palliativ-regenerativen Stressmanagements
- Impulse und Anregungen für den Akutfall und die praktische Umsetzung

Inhaltsverzeichnis

Über die Autorin

Karin Meyer ist Professorin und staatlich anerkannte Lehrkraft (Sek. II) für Betriebswirtschaftslehre sowie selbstständige Beraterin/Trainerin und Dozentin.

Einleitung: Relevanz von Stressmanagement, Selbstführung und Umsetzungskompetenz in der VUCA-Welt

Die derzeitige Arbeitswelt präsentiert sich als VUCA, also als volatil (volatile), unsicher (uncertain), komplex (complex) und mehrdeutig (ambiguous) (vgl. Kok & Jordaan, 2019, S. 1; Speidel, 2019, S. 6; Hillert & Albrecht, 2020, S. 1; Meyer, 2021, S. 1). In dieser zunehmend agilen und digitalen Welt gehört eine gute Selbstführung zu den zentralen Kompetenzen (vgl. Hasenbein, 2020, S. 116). Sich selbst gut zu kennen, wird zu einer wesentlichen Grundlage für den beruflichen (Führungs-)Erfolg (vgl. ebenda; Schumacher & Geschwill, 2013, S. 91; Meyer, 2021, S. 42), zumal die veränderten Rahmenbedingungen immer mehr Selbstorganisation sowie Selbstregulation verlangen (vgl. Hasenbein, 2020, S. 116; ebenso in Anlehnung an Kuhl & Kaschel, 2004, S. 61; Meyer, 2021). Dabei kann Selbstführung wie folgt beschrieben werden:

▶ „Selbstführung beinhaltet verschiedene verhaltensbezogene, kognitive und emotionale Strategien wie beispielsweise das Setzen eigener Ziele, die Selbstbeobachtung, das Visualisieren der eigenen Leistung oder die Reflexion eigener Annahmen." (Gerdenitsch & Korunka, 2019, S. 181).

Damit gehört die Arbeit an der eigenen Person zur wesentlichsten Hauptaufgabe moderner Mitarbeiter, Führungskräfte und Unternehmer (vgl. Hasenbein, 2020, S. 116). Auch Würzburger weist darauf hin, dass das VUCA-Umfeld eine kontinuierliche Weiterentwicklung der eigenen Persönlichkeit sowie ein bewusstes Auseinandersetzen mit den eigenen Stärken und Schwächen erforderlich macht (vgl. 2019, S. 11 f.; Meyer, 2021, S. 2). Pelz präsentiert weiterhin die Umsetzungskompetenz als eine wesentliche Schlüsselkompetenz (vgl. 2017, S. 103 ff.): Dabei wissen umsetzungsstarke Menschen worauf es ankommt und fokussieren sich auf die wesentlichen Prioritäten. Des Weiteren gelingt es ihnen, Emotionen effizient zu regulieren, über Belastungssituationen schnell hinwegzukommen

K. Meyer, *Ausgewählte Stressmanagement-Methoden für die VUCA-Welt*, essentials, https://doi.org/10.1007/978-3-658-35874-7_1

und Probleme kreativ zu lösen. Zusätzlich stärken sie laufend das Fundament ihres Selbstbewusstseins, können sich wirksam durchsetzen und gleichzeitig sich selbst und andere begeistern (vgl. Pelz, 2017, S. 104 f.). Damit verweist Pelz auf Ansatzpunkte und Erfolgsfaktoren, die sich ebenfalls in Stressbewältigungstrainings wiederfinden (vgl. Kaluza & Franke, 2018; Kaluza & Chevalier, 2017; Causevic & Endemann, 2019; Meyer, 2021). Nach Kampmann lassen sich gesunder Schlaf und damit regenerative Erholungsphasen als Erfolgs- und Wettbewerbsfaktoren für Fach- und Führungskräfte definieren (vgl. 2020). Denn je nach Fragestellung beschreiben sich 10 bis 30 % der Erwerbstätigen als Burnout (vgl. Hillert et al., 2018, S. 18; Meyer, 2021, S. 37). Löhmer und Standhardt führen weiterhin aus, dass 80 % aller Erkrankungen auf Stress zurückzuführen sind (vgl. 2012, S. 28; Meyer, 2021, S. 6). Nach Hillert und Albrecht lässt sich Stressmanagement als interdisziplinärer Ansatz verstehen, der verschiedene Berufs- und Personengruppen in der VUCA-Welt vor ähnliche Lern- und Entwicklungsaufgaben stellt (vgl. 2020, S. 3; Meyer, 2021, S. 44).

In diesem Essential werden daher neben Ausgangsbeispielen, die die Relevanz von Stressmanagement und einer guten Selbstführung nochmals verdeutlichen, ausgewählte Methoden des multimodalen Stressmanagements beleuchtet – und damit konkrete Ansatzpunkte für eine erfolgreiche Erweiterung des individuellen multimodalen Stressbewältigungsportfolios (instrumentell, kognitiv und palliativ-regenerativ) gegeben. Hilfsmittel zur Umsetzung und Verhaltensänderung ergänzen den Essential. Es erfolgt zudem eine kurze Einführung in die Selbstbeobachtung als Methodik und damit verbundene Instrumente.

2

Die Corona-Pandemie präsentiert die derzeitige Arbeitswelt 4.0 als VUCA und sorgt für zusätzliche Stressbelastung (in Anlehnung an: Kok & Jordaan, 2019, S. 1; Speidel, 2019, S. 6; Hillert & Albrecht, 2020, S. 1; Meyer, 2021, S. 1). Experten weisen in diesem Zusammenhang bereits seit einiger Zeit auf das Risiko des Corona-Burnouts hin: So stellen Homeoffice und Homeschooling Zusatzbelastungen dar. Es erfolgt eine zunehmende Entgrenzung von Privat- und Berufsleben (vgl. Gutensohn & Kirschgens, 2021; Nürnberg, 2021; Meyer, 2021, S. 10). Weiterhin entfallen beispielsweise über Reisebeschränkungen oder die Einschränkung sozialer Kontakte wichtige Ausgleichsmöglichkeiten und Ressourcen (vgl. Laude, 2021; Meyer, 2021, S. 18). Arbeitgeberbezogen besteht ein Kritikpunkt darin, dass die Situation von zu vielen Unternehmen ignoriert wird (vgl. Gutensohn & Kirschgens, 2021) und Mitarbeiter damit in der Krisensituation keine oder zu geringe Unterstützung erfahren. Nachfolgende Fallbeispiele machen dabei deutlich, dass sich die Situation im Rahmen der Corona-Krise als ein generationen- und situationsübergreifendes Thema abbilden lässt.

Fall 1: Lernende in Schule und Weiterbildung

SchülerInnen. Gerrit ist Schüler der Abschlussklasse. Er soll mitten in der Corona-Phase unter den Bedingungen von Homeschooling und Hybrid-Unterricht seinen Fachhochschulreife-Abschluss erwerben – und sich parallel Gedanken über seine weitere Zukunft machen. Offen kommuniziert er, dass ihm gerade alles zu viel ist und er sich innerlich blockiert fühlt. Er möchte sich daher auf seine Prüfungen fokussieren und sich ein Jahr Auszeit nehmen – ein Jahr, in dem sich Gerrit in aller Ruhe Gedanken über seine Zukunft und den Eintritt ins Berufsleben machen möchte. Seine Eltern hingegen wünschen sich einen nahtlosen Übergang und befürworten seine Vorgehensweise nicht – es kommt verstärkt zu Diskussionen und Auseinandersetzungen.

Erwachsenenbildung. Ein ähnliches Bild zeigt sich bei Daniel, der sich vor Corona für den nächsten Karriereschritt und damit eine Weiterbildung zum Industriemeister als Basis für seine Weiterentwicklung entschieden hat. Schnell erkennt er, dass ihm als langjährigem und technisch-versierten Mitarbeiter der Automobil-Industrie das virtuelle Lernen gar nicht liegt. Ihm fehlt im Homeoffice die Konzentration zum Lernen. Auch fällt es ihm schwer, den zum Teil vollständig neuen Lerninhalten virtuell zu folgen. Es stresst ihn zunehmend, den Anschluss zu den anderen Schulungsteilnehmern zu verlieren, sich im Rahmen der Corona-Pandemie um die Zukunft seiner Kinder zu sorgen und gleichzeitig im Schichtdienst volle Leistung zu erbringen. Er unterbricht die Weiterbildung bis auf Weiteres und entscheidet sich ebenfalls für eine Auszeit.◄

Fall 2: Beförderung zur Nachwuchsführungskraft

Lena ist duale Studierende und steht kurz vor ihrem Bachelor-Abschluss. Inmitten der Corona-Krise wurde ihr die erste Führungsverantwortung für Auszubildende und Erstsemester übertragen. Einerseits freut sie sich über die Weiterentwicklung. Gleichzeitig möchte sie sich der Entscheidung ihrer Vorgesetzten als würdig erweisen. Eine besondere Herausforderung stellt für sie dar, dass das Unternehmen (KMU) bislang eher konservativ geführt wurde: Homeoffice-Lösungen wurden in der Vergangenheit nicht forciert. Die Führung der Mitarbeiter erfolgte damit fast ausschließlich in Präsenz. Ihr obliegt es nun, als Nachwuchsführungskraft unter virtuellen Rahmenbedingungen erste Führungserfahrungen zu sammeln, gleichzeitig bestmöglich ihr Studium zu beenden – und das in einem Unternehmen, das im Bereich der Digitalisierung noch relativ am Anfang steht und ihr hierzu bislang keinerlei Grundlagen vermitteln konnte. Sie spürt den Druck, der auf ihr lastet – ebenso, dass sich die Qualität ihres Privatlebens zunehmend verschlechtert.◄

Fall 3: Berufstätige nach Jobwechsel

Katharina hat einen neuen Job, auf den sie lange hingearbeitet hat. Kurz nach Eintritt in das neue Unternehmen steht sie vor den Herausforderungen der Corona-Pandemie. Ab sofort ist die Arbeit im Homeoffice angesagt, Prozesse und Aufgaben verändern sich. Die weitere Einarbeitung sowie das Kennenlernen des neuen Arbeitgebers und der neuen Kollegen ist erschwert. In dieser beruflichen Phase kommt es vermehrt zu altersbedingten Krankheitsfällen in der Familie. Helfen kann ihr innerhalb der Familie vor Ort niemand, da die Geschwister im Ausland leben und aufgrund der angeordneten Reisebeschränkungen nur eine virtuelle Unterstützung bieten können. Es stellt sich eine zusätzliche Stressbelastung ein, die sich zunehmend in Schlafstörungen äußert. Ihr Arbeitgeber reagiert auf Feedback eher ungehalten, wenig hilfsbereit und abweisend. Es tritt ein mittelschwerer Burnout ein, auf den eine Ausfallzeit in Verbindung mit Supervision/Therapie folgt. ◄

Nach Causevic und Endemann lassen sich akute und chronische Stressoren unterscheiden. Während anlassbezogener Stress grundsätzlich die Chance zur Anpassung der Stressbewältigungsstrategien erlaubt, unterbleibt eine Anpassung meist bei einem chronischen Stresslevel, das sich schleichend etabliert (vgl. 2019, S. 12; Meyer, 2021, S. 13 ff.). Nach Hillert et al. addieren sich Stress-Situationen, beispielsweise aus Privat- und Berufsleben (vgl. 2018, S. 27 f.; Meyer, 2021, S. 6), weshalb sich eine frühzeitige und präventive Intervention empfiehlt. Ersichtlich wird jedoch auch, dass bei einem bereits vorliegenden erhöhten Aktivierungsniveau, zusätzliche Belastungen, wie beispielsweise im Form einer Corona-Krise, nicht mehr oder nur noch schwer kompensiert werden können und zu einem Burnout führen können (vgl. Fall 3).

Ausgewählte Methoden des multimodalen Stressmanagements für die Praxis

3

Insgesamt kommt es darauf an, verschiedene Stressbewältigungsstrategien und -methoden kennenzulernen, zu testen und die jeweils individuell passenden in den persönlichen Methodenkoffer zu übernehmen und diese regelmäßig anzuwenden (vgl. Causevic & Endemann, 2019, S. 27). Aus diesem Grund bieten die nachfolgenden Kapitel unterschiedliche Einblicke in die Methoden und Techniken des multimodalen Stressmanagements (vgl. Tab. 3.1), die sowohl einzeln als auch in Kombination eingesetzt werden können.

Die Auswahl der nachfolgend dargestellten Methoden lehnt sich dabei primär an Siebecke und Kaluza (2014), Kaluza und Chevalier (2017), Causevic und Endemann (2019) sowie Hillert et al. (2018) an und erhebt keinen Anspruch auf Vollständigkeit, sondern dient einer möglichen Ideenfindung, Impulsgebung und Definition etwaiger Ansatzpunkte für die weitere Verbesserung der individuellen Stressmanagementkompetenzen.

3.1 Instrumentelles Stressmanagement

Zielsetzung des instrumentellen Stressmanagements ist es, mögliche zukünftige oder bestehende Stress-Auslöser bewusst zu machen und zu identifizieren sowie diese gezielt zu minimieren – oder diese sogar ganz zu eliminieren und Stress-Situationen gar nicht erst entstehen zu lassen. Idealerweise entstehen stressfreie Arbeits- und Lebensbedingungen, in denen eine freie Entfaltung und Wahrnehmung der eigenen Wünsche und Bedürfnisse durchweg möglich ist (vgl. Kaluza & Chevalier, 2017, S. 145; Causevic & Endemann, 2019, S. 29 ff.; GKV-Spitzenverband, 2020, S. 81 f.).

Einen Weg hierfür bieten beispielsweise die klassischen Methoden des Zeitmanagements, die unter anderem ein gezieltes Nein-Sagen, das Suchen und

Tab. 3.1 Ebenen des multimodalen Stressmanagements

Instrumentelles Stressmanagement	Ansatzpunkte stellen die jeweiligen Stressoren dar mit dem Ziel, diese zu reduzieren oder sogar ganz zu vermeiden. Kann reaktiv auf die aktuelle oder präventiv auf zukünftige Belastungssituationen ausgerichtet sein.
Kognitives Stressmanagement	Ansatzpunkte stellen die persönlichen Motive, Einstellungen und Bewertungen dar. Kann auf aktuelle Belastungssituationen oder habituelle, situationsübergreifende Bewertungsmuster ausgerichtet sein.
Palliativ-regeneratives Stressmanagement	Setzt bei der Regulierung/Kontrolle von psychischen und körperlichen Stressreaktionen an. Dabei umschreibt die Palliation die kurzfristige Erleichterung, Entspannung bzw. Dämpfung von Stressreaktionen. Die Regeneration hingegen zielt auf eine längerfristige, regelmäßige Entspannung und Erholung ab.

Quelle: vgl. GKV-Spitzenverband, 2020, S. 81 f.; Kaluza & Franke, 2018, S. 356, Causevic & Endemann, 2019, S. 26 f.; Meyer, 2021, S. 21.

Wahrnehmen von Unterstützung (beruflich und privat) oder ein Delegieren von Aufgaben beinhalten. Klärende Gespräche für den Abbau von Konflikten, beispielsweise innerhalb des eigenen sozialen Netzwerks, können ebenfalls unterstützen Stress zu reduzieren. Gehören lange Anfahrtswege oder dauerhaft stresserzeugende Rahmenbedingungen bei der Arbeit zu den Stressoren, hilft es, über einen Wohnort- bzw. Arbeitgeber-Wechsel nachzudenken (in Anlehnung an: APA, 2014; Kaluza & Chevalier, 2017, S. 145; Strobel, 2015, S. 55 und 67 f.).

Kaluza und Chevalier kategorisieren weitere Optionen zur Stress-Reduzierung wie folgt (2017, S. 145):

- Erweitern fachlicher Kompetenzen
- Information, Fort- und Weiterbildung, kollegiale Beratung/Austausch
- Optimierung der Organisation: Aufgabenverteilung, Ablaufplan, Ablage etc.
- Selbstmanagement zum Optimieren der persönlichen Arbeitsorganisation: realistische Zeitplanung, Prioritätenplanung beruflich und privat, Delegieren
- Weiterentwickeln von sozial-kommunikativen Kompetenzen zum Setzen von Grenzen, Führen von Klärungsgesprächen sowie Nein-Sagen etc.

- Entwickeln von Problemlösekompetenzen
- Networking und Unterstützung: Hilfe suchen und annehmen

Siebecke und Kaluza ergänzen weiterhin um die Fähigkeit zu selbstständigem und effektiven Handeln (vgl. 2014, S. 81). Causevic und Endemann halten zusätzlich für wichtig, erhaltenes Feedback, das nicht der Realität entspricht, zu kontern und entsprechend zu verneinen (vgl. 2019, S. 29). Ziel ist es, in Trainings stressrelevantes Hintergrundwissen zu vermitteln und ein Bewusstsein für Stress, die physiologischen Prozesse, die Zusammenhänge mit der Gesundheit zu schaffen und das eigene Stresserleben zu analysieren (vgl. Siebecke & Kaluza, 2014, S. 83; ebenso in Anlehnung an: Löhmer & Standhardt, 2017, S. 172 f.). Das instrumentelle Stressmanagement versucht dabei, stressgenerierende Umstände so zu verändern, dass eine Stressreaktion deutlich vermindert wird oder sogar unterbleibt. Dies kann kurzfristig bei Vorliegen der Stressreaktion geschehen oder langfristig durch entsprechende Prävention (vgl. Siebecke & Kaluza, 2014, S. 83; GKV-Spitzenverband, 2020, S. 81 f.). Problemlösekompetenz, Zeitmanagement sowie der Umgang mit Kritik bzw. die Selbstbehauptung werden nachfolgend als stressreduzierende Fähigkeit nochmals detaillierter beleuchtet (vgl. Siebecke & Kaluza, 2014, S. 82 und 84).

Ausgewählte Methoden/Bausteine des instrumentellen Stressmanagements.
Da eine vollständige Ausführung der aufgeführten Methoden, den Rahmen dieser Publikation übersteigen würde, werden an dieser Stelle lediglich ausgewählte Methoden, Techniken und Vorgehensweisen des instrumentellen Stressmanagements als Anregung, Idee bzw. Impuls nochmals detaillierter beleuchtet:

- Stress-Liste: Erkennen von Stressoren/Stressquellen-Hierarchien
- Klassisches Zeitmanagement und Zeitsouveränität
- Entwickeln von Problemlösekompetenzen
- Abgrenzen durch Selbstbehauptung, Nein-Sagen und Abweisen von unberechtigter Kritik
- Arbeitsplatzgestaltung und digitale Auszeiten („digital detox")

Stress-Liste: Erkennen von Stressoren und Stressquellen-Hierarchien. Täglich sind Menschen verschiedensten Stressoren ausgesetzt. Daher ist es wichtig, diese zu (er-)kennen und entsprechend ihrer individuellen Stress- bzw. Belastungsrelevanz zu kategorisieren. Dabei stehen Personen regelmäßig dann vor Herausforderungen und Stress-Situationen, wenn die vorhandenen Denk- und Verhaltensmuster für eine Bewältigung nicht ausreichen oder als nicht ausreichend eingeschätzt werden (vgl. Causevic & Endemann, 2019, S. 30; Meyer, 2021, S. 15). Gleichzeitig sind es genau diese Situationen und Stressoren, die von Bedeutung sind, wenn es um die persönliche Weiterentwicklung auf der Basis der Bewältigung negativen Affekts und somit um eine Optimierung der jeweiligen Kenntnisse und Kompetenzen sowie einer daraus resultierenden Verbesserung der Selbstwirksamkeit geht (vgl. Causevic & Endemann, 2019, S. 30; Kuhl, 2010, S. 463; Meyer, 2019). Grundlage hierfür bildet die konkrete Analyse und Hierarchiebildung stressrelevanter Situationen. Nur so ist es möglich, das Fundament für eine künftige Stressbewältigung und Entwicklung von Lösungsoptionen zu entwickeln (vgl. Causevic & Endemann, 2019, S. 30; ebenso in Anlehnung an Kuhl, 2010, S. 463).

Hierzu wird zunächst eine Übersicht, der im Alltag vorkommenden Stressoren erstellt. Alternativ kann auf bestehende Listen häufig vorkommender Stressoren zurückgegriffen werden (vgl. Causevic & Endemann, 2019, S. 30 ff.). Strobel verwendet hierfür zu beschriftende Kärtchen, mit denen beliebig weitergearbeitet werden kann (vgl. 2015, S. 79). Diese gilt es in einem nächsten Schritt nach Belastung zu sortieren und beispielsweise über die Vergabe von Punktwerten in eine Rangfolge zu bringen, zu reflektieren sowie die bisher angewandten Bewältigungsstrategien zu bewerten. Erfolgreiche Strategien sollten für die Zukunft beibehalten werden, ineffiziente Verhaltensmuster sind zu eliminieren. Auch der Handlungs- und Gestaltungsspielraum ist miteinzubeziehen. Mentale Strategien können helfen Realitäts- und Leistungsgrenzen zu akzeptieren und in förderliche Gedanken zu transformieren (in Anlehnung an: Causevic & Endemann, 2019, S. 30 ff.; Siebecke & Kaluza, 2014, S. 84). Zu beachten ist, dass die realen Stressoren teilweise verdrängt werden und daher bei Bedarf genauer hinzusehen ist (vgl. Strobel, 2015, S. 87).

Klassisches Zeitmanagement und Zeitsouveränität Ziel eines gezielten Zeitmanagements ist es, den eigenen Umgang mit der Zeit als knappes Gut zu reflektieren, Zeitprobleme zu erkennen und eine förderliche Zeiteinteilung im Einklang mit privaten, beruflichen und persönlichen Zielen zu entwickeln (vgl. Kaluza & Franke, 2018, S. 358; Kaluza & Chevalier, 2017, S. 155; Seiwert, 2014, S. 18). Im Fokus steht dabei ein glückliches und erfülltes Leben mit einem nachhaltigen Gleichgewicht zwischen Arbeits- und frei verfügbarer Zeit sowie Zeit, die für sich selbst und für andere aufgewendet wird (vgl. Siebert & Kaluza, 2014, S. 85). Denn ein ständig erlebter Zeitmangel wirkt sich als „Zeitstress" nicht nur stressfördernd aus (vgl. Seiwert, 2014, S. 19), sondern wirkt einer Regeneration und Erholung (vgl. regeneratives Stressmanagement) in erheblichem Maß kontraproduktiv entgegen (vgl. Causevic & Endemann, 2019, S. 34). Zu den klassischen Elementen des Zeit- und Selbstmanagements gehören die Bildung von Prioritäten (beispielsweise anhand einer ABC-Analyse oder dem Pareto-Prinzip) sowie die Unterscheidung nach Wichtigkeit und Dringlichkeit (beispielsweise nach dem Eisenhower-Prinzip (vgl. Siebert & Kaluza, 2014, S. 86: Causevic & Endemann, 2019, S. 35 und 37). Herangezogen werden kann auch die ALPEN-Methode nach Seiwert, in der es darum geht, Aufgaben und deren Länge, Pufferzeiten, Entscheidungen und die Nachkontrolle von zu Erledigendem im Blick zu behalten. Wichtig ist es nach Strobel, die Ziele schriftlich zu fixieren (vgl. 2015, S. 93). Als Daumenregel im Zeitmanagement gilt: Aufgaben, die in maximal drei Minuten zu erledigen sind, sollten gleich erledigt und nicht aufgeschoben werden, um doppelte Zeitinvestitionen zu vermeiden. Zu eliminieren ist eine zu perfekte Planung von nicht zielführenden Aktivitäten. Der Fokus liegt auf dem Wesentlichen mit entsprechend Puffer für Unvorhergesehenes. Äußere Faktoren, persönliche Einstellung und individuelle Verhaltensweisen sowie Zeitplanungsfehler sollten im Sinne einer verbesserten Zeitplanung regelmäßig evaluiert/bilanziert und angepasst werden (vgl. Causevic & Endemann, 2019, S. 34 und 42; Strobel, 2015, S. 92). Ein Zeitprotokoll visualisiert neben dem Istzustand Erfolgserlebnisse und Ansatzmöglichkeiten für eine kontinuierliche Optimierung und Weiterentwicklung des Zeitmanagements (vgl. Causevic & Endemann, 2019, S. 43). Ansatzpunkte für eine optimierte Planung sowie ein verbessertes Zeitmanagement bieten auch die Checklisten bzw. der Selbsttest von Seiwert (vgl. 2014, S. 25 ff.). Belohnungen für bereits Erreichtes stärken Motivation und Durchhaltevermögen (vgl. Causevic & Endemann, 2019, S. 43; ebenso Genuss- und Zufriedenheitstraining im Bereich der kognitiven Methoden, vgl. Abschn. 3.3).

Hilfreich ist es zudem, die individuelle Tages-Leistungskurve im Rahmen der persönlichen Zeitplanung zu reflektieren und fordernde bzw. konzentrationsintensive Aufgaben auf entsprechende Leistungshochs zu planen (vgl. Siebecke & Kaluza, 2014, S. 86; Causevic und Endemann, 2019, S. 52). Auch bilden regelmäßige Ruhe und Erholungspausen einen elementaren Bestandteil einer effizienten Zeitplanung (vgl. Siebecke & Kaluza, 2014, S. 86). Rhythmus und Erholungsbedürfnis sind individuell verschieden: Ehrliche Selbstbeobachtungen und -reflexionen helfen dabei, den eigenen Bedürfnissen auf die Spur zu kommen und diese gezielt in einer individuellen Zeitplanung zu berücksichtigen (vgl. Causevic & Endemann, 2019, S. 53).

Wie bereits dargelegt, verhilft eine gezielte Planung von Pufferzeiten der Zeitplanung zu einer realistischen Umsetzung. Ebenso sollte Zeitplanung als ein System der laufenden Nachkontrolle und des Hinzulernens verstanden werden (vgl. Siebecke & Kaluza, 2014, S. 86; Kaluza & Chevalier, 2017, S. 155). Während Causevic und Endemann die Zielearbeit dem Zeitmanagement und damit dem instrumentellen Stressmanagement zuordnen (vgl. 2019, S. 47 ff.), findet sich diese bei Siebecke und Kaluza im kognitiven Stressmanagement wieder (vgl. 2014, S. 93 f.; Abschn. 3.3). Auf eine doppelte Ausführung der Inhalte wird verzichtet. Ersichtlich wird jedoch das Ineinandergreifen der Bausteine des multimodalen Stressmanagements.

Entwickeln von Problemlösungskompetenzen. Die Bedeutung der Problemlösekompetenz wird deutlich, wenn Stress aus Umständen resultiert, denen die jeweilige Person keine geeignete Lösungsoption entgegen zu setzen hat und die sekundäre Bewertung der stressauslösenden Situation negativ ausfällt (vgl. hierzu auch Meyer, 2021, S. 15). Durch die Stärkung der Problemlösekompetenz wird mehr Sicherheit erlangt. Es soll der sinnvolle und zielführende Umgang mit Problemen erlernt und ein Mangel in der Problemlösung ausgeglichen werden (vgl. Siebecke & Kaluza, 2014, S. 83; Kaluza & Franke, 2018, S. 357). Denn Probleme und die Bereitschaft diese zu lösen gehören zum Alltag dazu. Zu vermittelnde Basisannahme ist, dass Problemsituationen aktiv gelöst und gemeistert werden können, ohne sich zu impulsivem Handeln verleiten zu lassen (vgl. Siebecke & Kaluza, 2014, S. 83 f.). Empfohlen wird hierzu ein mehrstufiges Vorgehen, das sich sowohl für Gruppen- als auch Individualtrainings eignet (vgl. in Anlehnung an ebenda; Kaluza & Franke, 2018, S. 357 f.):

1. Systematische Selbstbeobachtung zur vereinfachten Analyse des eigenen Verhaltens in Stressreaktionen
2. Bewertungsfreie Ideensammlung zur Stressbewältigung, bspw. durch eine kollegiale Beratung/Brainstorming in der Gruppe mit Kollegen, Familie etc.
3. Entscheiden für einen oder mehrere Vorschläge unter Einbezug der zu erwartenden Konsequenzen
4. Planung für schrittweises Umsetzen der Handlungsoptionen. Vorherige Rollenspiele oder Vorstellungsübungen können entsprechend unterstützen.
5. Handeln als zentraler Schritt im Problemlöseprozess
6. Reflexion mit dem Ziel, den Erfolg der Problemlösung zu bewerten und ggfs. nachzujustieren

Abgrenzen durch Selbstbehauptung, Nein-Sagen und Abweisen ungerechtfertigter Kritik. Im Rahmen der Selbstbehauptung geht es unter anderem darum, sich abzugrenzen, Nein-Sagen zu lernen und negativen Affekt zu bewältigen – ohne Angst vor Abstrafungen oder Einschränkungen (vgl. Strobel, 2015, S. 67; Siebecke & Kaluza, 2014, S. 85). Hierzu gehören neben einer festen Stimme, auch der direkte Blickkontakt sowie ein Absehen von nicht erforderlichen Entschuldigungen und Begründungen. Deutliche, kurze und prägnante Formulierungen sowie der Gebrauch von Ich-Botschaften unterstützen den Prozess. Gleichzeitig gilt es im Rahmen von negativer Kritik, Missstände ganz konkret anzuführen und nicht zu verallgemeinern. In der Rolle des Kritisierten gilt es, zuzuhören, berechtigte Kritik anzunehmen, mögliche Schwachpunkte zuzugeben, sich bei Bedarf zu entschuldigen sowie unberechtigtes Feedback sachlich abzuweisen. Dabei ist auch hier der Blickkontakt bestmöglich aufrechtzuerhalten (vgl. Siebecke & Kaluza, 2014, S. 85).

Alles in allem steht das Trainieren und Erlernen neuer Verhaltensweisen im Vordergrund. Dabei ergänzen sich instrumentelles und kognitives Stressmanagement, wenn es um den Einbezug gedanklicher Bewertungen sowie die gedankliche Verarbeitung von negativem Feedback geht (vgl. Siebecke & Kaluza, 2014, S. 85).

Sozialisiert wird innerhalb der Gesellschaft meist, dass ein „Nein" mit negativen Folgen und Sanktionen verbunden ist. Wer es jedoch unterlässt, geht das Risiko ein, ausgenutzt zu werden, die eigenen Bedürfnisse und Wünsche vollständig zurückzustellen und sich in letzter Konsequenz zu überfordern (vgl. Causevic & Endemann, 2019, S. 66). Das Einfordern von Bedenkzeiten sowie das Aufzeigen von abweichenden Handlungsoptionen können helfen, den eigenen Gestaltungsspielraum bei Bitten und Gefälligkeiten zu erhalten. Gleichzeitig fördert das Entwickeln eines (Selbst-) Bewusstseins für die eigenen Grenzen, Interessen und Wünsche eine nachhaltige individuelle Zufriedenheit und Balance (vgl. ebenda, S. 66 f.; Pilz-Kusch, 2020, S. 146 f.). Wenngleich vom Umfeld oftmals Rücksicht und Aufmerksamkeit erwartet wird, liegt die Verantwortung für ein Aufzeigen der persönlichen Grenzen dabei bei jedem Einzelnen (vgl. Strobel, 2015, S. 67).

Arbeitsplatzgestaltung und digitale Auszeiten („digital detox"). Grundsätzlich sollte der Arbeitsplatz Raum zum Wohlfühlen bieten – denn wer sich gerne dort aufhält, erbringt automatisch bessere Leistungen. Daher gilt es, individuell den richtigen Arbeitsplatz zu finden, Faktoren wie Ordnung, Ruhe, Platzbedarf, Beleuchtung oder Raumklima entsprechend zu gestalten und Arbeitsmittel griffbereit zu haben. Da sich Körper und Geist beeinflussen und die Signale über das Bodyfeedback im Gehirn landen, können positive Reaktionen auf emotionaler oder kognitiver Ebene mit einer aufrechten Körperhaltung entsprechend gefördert und unterstützt werden (vgl. Causevic & Endemann, 2019, S. 59 f.). Dynamisches Sitzen fördert die Sauerstoff-Versorgung des Gehirns und wirkt sich damit förderlich auf die Konzentrationsfähigkeit aus (vgl. ebenda, 2019, S. 59).

Jegliche Art von Störung, beispielsweise durch eingehende Nachrichten oder der laufende Blick aufs Handy, unterbrechen die einmal erlangte Konzentration. Je nach Komplexität der Aufgabe sind bis zu 15 min erforderlich, um wieder die volle Konzentration zu erreichen. Das Resultat ist eine wahrgenommene Überlastung bei gleichzeitig sinkender Produktivität. Dabei belegen Studien, dass bereits die physische Verfügbarkeit eines Handys den Fokus auf die Aufgabe und damit die kognitiven Fähigkeiten reduziert (vgl. Causevic & Endemann, 2019, S. 63 ff.). Ersichtlich wird, dass die fortschreitende Digitalisierung nicht nur Vorteile mit sich bringt, sondern ihren Preis fordert (vgl. Löhmer & Standhardt, 2012, S. 20 f.). Auch sich zufällig ergebende Pausen und Regenerationsphasen können beliebig digital genutzt und damit erfolgreich unterdrückt bzw. verhindert werden. Von Bedeutung sind daher bewusste, digitale Auszeiten, die allein der Erholung und der Informationsverarbeitung bzw. Gedächtniskonsolidierung dienen (vgl. Causevic & Endemann, 2019, S. 63 ff.).

Causevic und Endemann führen im Rahmen des instrumentellen Stressmanagements weiterhin soziale Kontakte/Netzwerk an. Um eine Dopplung der Inhalte zu vermeiden, werden diese in Anlehnung an Siebeck und Kaluza dem kognitiven Stressmanagement zugeordnet (vgl. Abschn. 3.3).

3.2 Palliativ-regeneratives Stressmanagement

Zielsetzung des palliativ-regenerativen Stressmanagements ist die Regulation von Anspannung und damit einer affektorientierten Steuerung der psychischen und physischen Stressreaktionen. Mögliche Ansatzpunkte bieten beispielsweise Pausen, Entspannungs- und Atemtechniken sowie Ablenkungen, wenn es um eine kurzfristige Entlastung geht. Für den langfristigen Ausgleich eigenen sich sportliche Aktivitäten, bewusst geplante und umgesetzte Erholungspausen sowie der Austausch im Freundes- oder Familienkreis (in Anlehnung an: APA, 2014; Kaluza & Franke, 2018, S. 357 f., Kaluza & Chevalier 2017, S. 146 f.; Causevic & Endemann, 2019, S. 103; GKV-Spitzenverband, 2020, S. 81 f.).

Durch regelmäßige Anwendung der Techniken soll die Relaxationsfähigkeit trainiert bzw. zurückgewonnen werden. Weiteres Ziel ist es, zwischen Anspannungs- und Entspannungszuständen wechseln und so akuten Stress-Situationen spielerisch leicht entgegentreten zu können (in Anlehnung an: Kaluza & Franke, 2018, S. 357). Wichtig ist es, ein individuelles und zur Person passendes palliatives und regeneratives Repertoire zu finden und dieses als Gegengewicht zu Belastungssituationen zu etablieren – und bewusste Auszeiten

für angenehme Aktivitäten zu schaffen (vgl. ebenda; Pilz-Kusch, 2020, S. 77).
Dabei zielt die Palliation auf einen kurzfristigen und schnellen Ausgleich bzw.
ein Mildern von akuten Belastungsreaktionen ab. Die Regeneration hingegen
dient der regelmäßigen, präventiven Entspannung und Erholung (vgl. hierzu auch
Tab. 3.2; GKV-Spitzenverband, 2020, S. 81 f.).
Kaluza und Chevalier führen im Einzelnen an (2017, S. 147):

Tab. 3.2 Mögliche Entspannungsmethoden im Überblick

Ansatzpunkt	Methode	Ziel
Muskuläre Ebene	Konzentrative Muskelentspannung	Entspannung von Muskelgruppen durch gezielte Konzentrationslenkung auf diese
	Progressive Muskelentspannung	Bewusstmachen von Spannungszuständen sowie gezielte Entspannung von Muskelgruppen durch An- und Entspannung sowie genießende Wahrnehmung der Muskelentspannung
Vegetative Ebene	Autogenes Training	Entspannung und Beeinflussen des vegetativen Nervensystems durch autosuggestive Vorstellung von Entspannungsphänomenen
	Atemtechniken/ bewusstes Atmen	Bewusste, fokussierte ruhige Atmung, evtl. in Kombination mit Atemzählen
Emotionale Ebene	Fantasiereisen/ Träumen/geführte Meditationen	Entspannen anhand der Wahrnehmung positiver innerer Bilder und Emotionen
	Entspannungs-Musik	Bewusste Wahrnehmung ruhiger und entspannender Musik
Kognitive Ebene	Meditation/ Achtsamkeitstraining	Schulen der Achtsamkeit, Konzentration auf das Hier-und-Jetzt

(Fortsetzung)

Tab. 3.2 (Fortsetzung)

Ansatzpunkt	Methode	Ziel
Verfahren mit Bewegung	Tai-Chi, Qigong, Yoga, bewegte Meditation und Gehmeditation	Meditative Konzentrations- und Bewegungsübungen sowie Atemübungen zum Ausgleich von Körper, Seele und Geist
Unsystematische Verfahren	Individuelle Aktivitäten zur Entspannung bspw. Spazieren gehen, Lesen, Massagen, Hobbies, Freunde und Familie treffen, Reisen etc.	

Quelle: vgl. Siebecke & Kaluza, 2014, S. 76; auch Causevic & Endemann, 2019, S. 103 ff.; Hochstrasser et al., 2016, S. 564 f.

- Regelmäßige Anwendung von Entspannungstechniken
- Regelmäßige Bewegung
- Genügend Schlaf
- Ausgleich durch Hobbies, Freizeitaktivitäten und außerberufliche soziale Kontakte

Causevic und Endemann erweitern diese Auflistung um die Achtsamkeit gegenüber Alltäglichem (vgl. 2019, S. 103). Siebecke und Kaluza kategorisieren mögliche Formen der Entspannungstechniken wie folgt (2014, S. 76; vgl. Tab. 3.2).

Entspannungstrainings wirken direkt auf das vegetative Nervensystem ein und ermöglichen es so, psychosomatische Stress-Symptome zu lindern, das Aktivierungsniveau zu reduzieren, die Immunabwehr zu stärken und so die Resilienz zu optimieren. Verbessert wird auch die Achtsamkeit im Hinblick auf die eigene Person und so auch der achtsame Umgang mit anderen, Gelassenheit und innere Ruhe. Ebenso nehmen Konzentration, Aufmerksamkeit und Gedächtnisleistung genauso zu wie Kreativität, Leistungsfähigkeit und das individuelle Wohlgefühl (vgl. Causevic & Endemann, 2019, S. 104). Dabei müssen Entspannungstrainings nicht unbedingt zeitintensiv sein: Denn allein die Arme locker mit geöffneten Händen neben dem Körper hängen zu lassen, kann bereits Entspannung auslösen, die den ganzen Körper miteinbezieht (vgl. ebenda). Fessler verfolgt mit seiner Idee des „selbstinstruktiven Körper-Achtsamkeitstrainings" ebenfalls die Option, entspannende Übungen zeitunabhängig und ohne Trainingsgeräte umzusetzen. Dabei nehmen die einzelnen Übungen meist nur ein bis drei Minuten in Anspruch (vgl. 2018, S. 11 ff.).

Tab. 3.3 Beispiele für erholungsverderbende Einstellungen und Verhaltensweisen

„Erholungsverderbende Einstellungen":	„Erst die Arbeit, dann das Vergnügen" „Erholung muss man sich verdienen"
„Erholungsverderbende Verhaltensweisen":	Ständige Unterbrechung der arbeitsfreien Zeit durch Erreichbarkeit per E-Mail oder Smartphone. Passivität, zu wenig Bewegung, Rückzug und Vernachlässigen eigener Interessen und privater Kontakte. Gedanken und Gespräche über Probleme bei der Arbeit.

Quelle: Hillert et al., 2018, S. 66.

Von Relevanz ist es, sich in der Regeneration von den Arbeits-, Belastungs- und Stressphasen zu distanzieren (vgl. Hillert et al., 2018, S. 64; Fessler, 2018, S. 13) – und so ruhig zu werden sowie Kraft, neue Energie und Anregungen für die nächste Arbeitsphase zu generieren (vgl. Hillert et al., 2018, S. 64). Personen, die sich nicht ausreichend erholen können, befinden sich dauerhaft auf einem Niveau höherer Grundanspannung – auch in arbeitsfreien Phasen. Dies kann in einer fehlenden kognitiven Distanz begründet sein. Einen weiteren Beitrag leisten ein fehlender Antrieb zu regenerierenden Aktivitäten und mangelnde Selbstdisziplin, vor allem, wenn es um das Ausschalten von „erholungsverderbenden Einstellungen oder Verhaltensweisen" geht (vgl. ebenda, S. 65 f.; vgl. Tab. 3.3).

Hillert et al. weisen darauf hin, dass das Erlernen sowie die erfolgreiche Etablierung von Achtsamkeit und Entspannungstechniken neben Zeit und Energie auch ein wenig Courage erfordern kann. Persönliche Interessen, die nicht dem Beruf zuzuordnen sind und Aktivitäten für den individuellen Ausgleich etc. unterstützen diesen Prozess und resultieren auf Dauer in einer gekonnten Handhabung von Stress am Arbeitsplatz (vgl. 2018, S. 66).

Ausgewählte Methoden/Bausteine des palliativ-regenerativen Stressmanagements.
Da eine vollständige Ausführung der aufgeführten Methoden, den Rahmen dieser Publikation übersteigen würde, werden auch an dieser Stelle lediglich ausgewählte Methoden, Techniken und Vorgehensweisen des palliativ-regenerativen Stressmanagements als Anregung, Idee bzw. Impuls nochmals detaillierter beleuchtet:

- Meditation, Business Meditation und Körperwahrnehmung
- Balance mithilfe der Pflege von sozialen Netzwerken/Kontakten und Zeit für sich selbst
- Zufriedenheitserleben,   bewusste   Regenerationsphasen   und Genusstraining/-pausen
- Gesunde Lebensweise: Ernährung, Bewegung und Schlaf für Regeneration sowie Gedächtniskonsolidierung

Meditation, Business Meditation und Körperwahrnehmung Psyche und Wohlbefinden können über den Atem direkt beeinfluss werden (vgl. fitmedi, 2020, S. 65 f.). Atmen kann als Prozess auf körperlicher Ebene beschrieben werden, der einer Automatisierung unterliegt und sich an der jeweiligen Situation ausrichtet. In der Regel wird dieser Vorgang erst wahrgenommen, wenn die Automatisierung unterbrochen oder erschwert wird (vgl. Loew, 2019, S. 7). Atmen steht kulturübergreifend für Leben, Lebensenergie sowie die Bewegung und Veränderung im Leben (vgl. ebenda). Pilz-Kusch verweist darauf, dass ein kurzes, bewusstes Atmen und Durchatmen bereits ausreichen kann, um innezuhalten und sich im Tagesgeschäft wieder zu fokussieren (vgl. 2020, S. 59).

Aus diesem Grund liegt der Fokus beim Einstieg in eine Meditation oftmals auf einer bewussten, gleichmäßigen und ruhigen Wahrnehmung des Atems (vgl. fitmedi, 2020, S. 65 f.; ebenso in Anlehnung an: Loew, 2019, S. 9 und 29). Dabei reichen auch hier schon 5–10 min pro Tag aus, um einen positiven Beitrag zu innerer Ruhe, geistiger Kraft, Entspannung und Balance zu leisten, wobei die Regelmäßigkeit der Anwendung entscheidend ist. Feste Trainingszeiten unterstützen die Umsetzung der Übungseinheiten im Alltag sowie die Einführung und Etablierung von Entspannungsritualen (vgl. fitmedi, 2020, S. 53; Causevic & Endemann, 2019, S. 104 f. und 116; auch Loew, 2019, S. 9). Loew weist zur Vereinfachung der Umsetzung auf technische Unterstützung beispielsweise durch Apps hin (vgl. 2019, S. 80). Und auch nach Löhmer und Standhardt lässt sich bereits mit 15 min Entspannung pro Tag ein anderes Lebensgefühl erreichen (vgl. 2012, S. 110).

Dabei beschreibt Stangl (2021) die Meditation wie folgt: „[…] Meditation ist abgeleitet aus meditatio = „Ausrichtung zur Mitte" von lateinisch Adjektiv medius: „mittlerer", Hauptwort medium: die Mitte, und ist eine in vielen […] Kulturen geübte […] Praxis. Durch Achtsamkeits- oder Konzentrationsübungen sollen sich der Geist beruhigen und die Gedanken sammeln. Die angestrebten Bewusstseinszustände werden, je nach Tradition, unterschiedlich und oft mit Begriffen wie Stille, Leere,

Panorama-Bewusstsein, Eins-Sein, im Hier und Jetzt sein oder frei von Gedanken sein beschrieben."

Meditieren bedeutet also, sich ganz auf das Hier und Jetzt einzulassen – ohne gedanklich in der Vergangenheit oder in der Zukunft zu sein (vgl. Causevic & Endemann, 2019, S. 116). Auch nach Fessler kommt es auf „Augenblicksorientierung", Zentrierung und Fokussierung an (vgl. 2018, S. 12 f.). Eine ähnliche Formulierung zur Achtsamkeit findet sich bei Löhmer und Standhardt (vgl. 2012, S. 81). Grundlage der Meditation ist es dabei, sich in einer bequemen Körperhaltung zu entspannen und zu regenerieren (in Anlehnung an: Causevic & Endemann, 2019, S. 105). Dabei sind Atmung und Geist eng miteinander verbunden: So wird im Stress der Atem flacher, oberflächlicher und schneller. Zudem ersetzt die Atmung in den oberen Lungen oftmals die tiefergehende Bauchatmung (vgl. in Anlehnung an ebenda, S. 113 f.), die als gesündeste Form der Atmung gilt (vgl. Loew, 2019, S. 41). Als Folge davon, wird der Körper und insbesondere das Gehirn nicht mehr so gut mit Sauerstoff versorgt – und das Nervensystem signalisiert den Flucht- bzw. Kampfmodus (vgl. Causevic & Endemann, 2019, S. 114 und 116). Weiterhin kommt es auf hormoneller Ebene vermehrt zur Ausschüttung von Adrenalin als Stresshormon (vgl. Pfeifer, 2012, S. 9; Siebecke & Kaluza, 2014, S. 79; Causevic & Endemann, 2019, S. 11 ff.; auch Meyer, 2021, S. 15 f.). Als Folge davon, wird das Denkvermögen eingeschränkt und die Probleme scheinen sich zu verdichten. Positiver Affekt hingegen lässt den Atem frei fließen. Gleichzeitig normalisiert sich bereits nach einem zehn minütigen Atemtraining die Stresshormonausschüttung. Die Ruheatmung bzw. bewusste Atmung wirkt so Stress-Situationen bestmöglich entgegen (vgl. Causevic & Endemann, 2019, S. 114) und erlaubt ein gezieltes Herunterregulieren von negativem Affekt und Stresszuständen (vgl. Loew, 2019, S. 57; Fessler, 2018, S. 19 und 44). Da sich bereits durch das ruhige und bewusste Anleiten einer Meditation eine stressmindernde Wirkung ergeben kann (eigene Ergebnisse), soll nachfolgender Meditationsauszug zum Ausprobieren motivieren.

Meditation „Sonnenaufgang am Strand" (Auszug)

Nimm eine entspannte Position ein und schließe deine Augen. Beobachte nun deinen Atem. Nimm wahr, wie der Atem fließt, während du ein- und ausatmest. Nimm deinen Atem bewusst wahr, ohne ihn zu verändern oder zu kontrollieren … beobachte ihn einfach nur.

Stelle dir nun einen Strand vor. Es ist noch früh am Morgen. Du bist allein an diesem Strand. Es kündigt sich ein wunderschöner Sonnenaufgang an.

… Es ist windstill … die See liegt ganz ruhig und glatt vor dir.

… Du hörst das Rufen der ersten Möwen und siehst die Seevögel im Wasser.
… Du spürst den noch kühlen Sand unter deinen Füßen.
… Die ersten Sonnenstrahlen tauchen Strand und Meer in ein warmes Licht.
… Du fühlst dich frei, glücklich und gelassen.

Nach einiger Zeit läufst du den Strand entlang und entdeckst einen kleinen Hafen. Auch hier ist alles noch ruhig und still. Morgendlicher Nebel umhüllt das Land in der Ferne. In der Nähe nimmst du Schwalben wahr, die sich sammeln, um ihre Reise in den Süden anzutreten. Auf einer Bank machst du es dir gemütlich und blickst auf das Wasser und die ersten Sonnenstrahlen des Tages.

Du bist ganz bei dir … dem Meer … dem Sonnenaufgang. Und genießt den Augenblick und die Stille. […].

Nun ist es Zeit, zurückzukehren. Du kehrst zurück in den Raum und nimmst deinen Atem und Körper wahr. Du hörst die Geräusche um dich herum … wirst langsam wach und öffnest deine Augen.

Quelle: Eigene Darstellung. ◄

Passive Meditationen fokussieren in der Regel den Atem oder ein Objekt, beispielsweise die Flamme einer Kerze. Aktive Meditationen oder Geh-Meditationen hingegen enthalten Bewegungsanteile (vgl. Causevic & Endemann, 2019, S. 116; vgl. auch Löhmer & Standhardt, 2012, S. 152). Strobel verweist auf Wahrnehmungsmeditationen, beispielsweise in der Natur, im Büro oder im Umgang mit Menschen, in denen es darum geht, Geschwindigkeit zu reduzieren, über verschiedene Sinneskanäle bewusst wahrzunehmen und ruhig zu atmen (vgl. 2015, S. 136). Wie bereits dargelegt, sind schon wenige Meditationssequenzen ausreichend, um eine bessere Stresstoleranz und Elastizität zu erzielen. Gleichzeitig gilt es, nichts zu erzwingen, möglicherweise aufkommende Gedanken wahrzunehmen und unbewertet vorbeiziehen zu lassen. Einfachste und überall anwendbare Methode ist das ruhige Atemzählen (vgl. Causevic & Endemann, 2019, S. 116).

Integriert werden kann die Meditation als Business Meditation auch in den beruflichen Alltag und so in das Umfeld der Unternehmen – also an den Ort, an dem Menschen in der Regel beschäftigt sind und gleichzeitig einen kühlen Kopf bzw. klare Gedanken brauchen (vgl. fitmedi, 2020, S. 187). Auch Fessler bietet auf Basis des „selbstinstruktiven Körper-Achtsamkeitstrainings" Entspannungsoptionen an, die problemlos orts- und zeitunabhängig in den Alltag integriert werden können (vgl. 2018, S. 11). Dabei stellt eine bewusste Wahrnehmung des

Körpers nach Pilz-Kusch den leichtesten Umstieg vom gedanklichen Grübeln in die Zentrierung dar. Wie in der Meditation auch, kommt es vor allem darauf an, bei sich selbst anzukommen, bewertungsfrei wahrzunehmen und Frühwarnsignale rechtzeitig zu erkennen (vgl. 2020, S. 59). Gleichzeitig liegt die Kunst darin, den inneren Fokus zu halten (vgl. ebenda, S. 201).

Balance mithilfe der Pflege von sozialen Kontakten/Netzwerken und Zeit für sich selbst Eine ähnliche beruhigende Wirkung kann sich auch aus der Netzwerkpflege und guten sozialen Beziehungen innerhalb der Familie, dem Freundeskreis oder zu Arbeitskollegen ergeben (vgl. Siebecke & Kaluza, 2014, S. 99; Kaluza & Franke, 2018, S. 358; Kaluza & Chevalier, 2017, S. 155; Seiwert, 2014, S. 19). Causevic und Endemann zählen ebenso Nachbarn, Ärzte, Therapeuten oder Selbsthilfegruppen dazu (vgl. 2019, S. 67). Ein qualitativ gutes Netzwerk trägt so wesentlich zum Erhaltung der Gesundheit bei (vgl. Pilz-Kusch, 2020, S. 44). Zu beachten ist, dass gerade in Belastungssituationen soziale Kontakte oftmals nicht aufrechterhalten werden und ein Rückzug also gerade dann erfolgt, wenn Rückhalt, Vertrauen und Respekt dem empfundenen Stresserleben entgegenwirken könnten. Denn soziale Kontakte stellen eine wichtige Energiequelle für die Affektregulation und Stressbewältigung dar (vgl. Siebecke & Kaluza, 2014, S. 99; Causevic & Endemann, 2019, S. 121; Kaluza & Franke, 2018, S. 358; Strobel, 2015, S. 55). Auch fehlt ein aufrichtiger Austausch mit bzw. ein offenes Feedback von Vertrauenspersonen (vgl. Pilz-Kusch, 2020, S. 25).

Private und selbst etablierte Netzwerke sichern dabei das Maß an Vertraulichkeit, das kollegiale Netzwerke beispielsweise aufgrund der möglichen Konkurrenzsituation am Arbeitsplatz nicht bieten. Private Kontakte erlauben zudem neben Abwechslung auch einen anderen Blick auf die jeweilige Situation, eine Relativierung sowie Distanzierung zur jeweiligen Stress-Situation (vgl. Siebecke & Kaluza, 2014, S. 101). Erarbeitet werden kann beispielsweise präventiv, welche Kontakte vorhanden und zu intensivieren oder ggfs. neu aufzubauen sind (vgl. ebenda). Mögliche Ansatzpunkte bieten auch hier die Checklisten und Hinweise von Seiwert (vgl. 2014. S. 37). Nach Causevic und Endemann kommt es dabei nicht auf die Anzahl der sozialen Kontakte an – vielmehr ist deren Qualität entscheidend. Und Studien belegen, dass sich allein das Wissen über das Vorhandensein von Unterstützung stressmindernd auswirken kann (vgl. 2019, S. 58 ff. und 121).

Daneben gilt es, Zeit nur für sich selbst einzuräumen und zu planen – ohne die Bedürfnisse anderer miteinzubeziehen, sich selbst Gutes zu tun und sich auf die eigenen Bedürfnisse und Wünsche auszurichten. Anregungen hierzu können Massagen oder ein gutes Buch sein (vgl. Causevic & Endemann, 2019, S. 122 f.; Wiking, 2016, S. 126 ff.), wobei die individuelle Qualität der Erholungszeit im Vordergrund steht (vgl. Pilz-Kusch, 2020, S. 43). Termine mit sich selbst unterstützen den Prozess, ebenso definierte Automatismen wie beispielsweise eine regelmäßige kurze Morgenmeditation. Kurze Auszeiten über den Tag verteilt, reduzieren das Stresslevel und sorgen dafür, dass sich Stressmomente nicht summieren (vgl. Causevic & Endemann, 2019, S. 123 f.).

Zufriedenheitserleben, bewusste Regenerationsphasen und Genusstraining/- pausen. Nach Pilz-Kusch ist es 75 % aller Berufstätigen nicht problemlos möglich, sich wirklich zu erholen und sich vom Alltag zu distanzieren, womit sich das Gehirn im Dauerleistungszustand befindet (vgl. 2020, S. 60). Gleichzeitig werden in Stress- und Belastungssituationen oftmals private Interessen (Hobbies, Sport, soziale Kontakte) vernachlässigt oder sogar ganz aufgegeben. Was kurzfristig die richtige Strategie sein kann, reduziert auf Dauer die psychische Widerstandskraft und Leistungsfähigkeit durch fehlende Regenerationsmöglichkeiten. Von Bedeutung ist es daher, dauerhaft ein individuelles Gegengewicht palliativer und regenerativer Maßnahmen zu schaffen – mit dem Ziel, den eigenen Fokus auf positive Emotionen zu lenken, sich an frühere Erfolge zu erinnern und den Entdeckergeist neu zu beleben. Genuss-, Dankbarkeits- oder Achtsamkeitstagebücher können diesen Prozess unterstützen und der bewussten Dokumentation solcher positiver und erfolgreicher Momente dienen (vgl. Kaluza & Siebecke, 2014, S. 101 f.; Kaluza & Franke, 2018, S. 358; Löhmer & Standhardt, 2012, S. 47). Einen Einblick ermöglichen nachfolgende Fragen für ein Achtsamkeits-Tagebuch (vgl. in Anlehnung an: Zarbock, Amann & Ringer, 2012, S. 63 und 70).

Mögliche Fragen für ein Achtsamkeits-Tagebuch

- Welches war mein achtsamster Moment des Tages?
- Welches war der unachtsamste Moment des Tages?
- Welche Körperempfindungen wurden in diesen Momenten jeweils hervorgerufen?
- Wo und wie manifestierte sich der jeweilige Achtsamkeitsstatus körperlich?
- Wie viel Zeit wurde zum Üben aufgewendet?◄

Auch Löhmer und Standhardt legen dar, dass die Umsetzung von Auszeiten oftmals mit Problemen verbunden und als Fähigkeit neu zu entdecken ist (vgl. 2012, S. 9). In einem nächsten Schritt geht es um die gezielte Planung solcher Momente und die Umsetzung von Aktivitäten, die individuell Wohlbefinden, Zufriedenheit und Genuss fördern (vgl. Kaluza & Siebecke, 2014, S. 101 f.; Kaluza &

Tab. 3.4 Genussprotokoll

Tag	Heute war angenehm …
Montag	… der Spaziergang im Park, die Blumen und der Sonnenschein.
Dienstag	… der Austausch mit den Kollegen in der Weiterbildung.
Mittwoch	… das positive Feedback von Freunden.
[…]	

Quelle: Eigene Darstellung, in Anlehnung an: fitmedi, 2020, S. 285.

Franke, 2018, S. 358), um eine natürliche Genussfähigkeit beim Auftreten schöner Momente wieder zu erlernen (in Anlehnung an: Löhmer & Standhardt, 2012, S. 56). Hilfestellung bietet hierbei eine Genussdokumentation im Alltag (vgl. fitmedi, 2020, S. 285).

Genuss-Dokumentation im Alltag.

Achten Sie in der nächsten Zeit ganz bewusst auf Schönes in Ihrem Alltag. Nehmen Sie bewusst wahr, was Freude bereitet und sie als angenehm empfinden und genießen können. Es kann sich hierbei auch um besondere Ereignisse handeln, wie z. B. dass Sie sich eine Massage gegönnt haben. Noch wichtiger sind jedoch die ganz alltäglichen kleinen Freuden. Nehmen Sie sich jeden Tag ein paar Augenblicke Zeit, um sich zu erinnern (Tab. 3.4).
◄

Causevic und Endemann weisen im Bereich des Pausenmanagements auf bewusste Auszeiten ohne Reue hin und damit auf eine bewusste Entscheidung für deren Genuss, um sich erholen und regenerieren zu können. Denn Auszeiten mit einem schlechten Gefühl wirken kontraproduktiv und bieten keinen Ausgleich zu Erschöpfungszuständen (vgl. 2019, S. 54). Auch Fessler verweist auf gezielte Auszeiten, die einer chronischen Stressentwicklung entgegenwirken (vgl. 2018, S. 12), denn der Körper braucht nach jeder Belastungssituation eine Regenerationsphasen (vgl. Pilz-Kusch, 2020, S. 66). Dabei helfen bereits kurze Abschaltpausen oder „Mini-Pausen", wie eine Tasse Tee oder eine Atemübung (vgl. Causevic & Endemann, 2019, S. 124; Löhmer & Standhardt, 2012, S. 168; Pilz-Kusch, 2020, S. 68 und 76), um das permanente Tun zu unterbrechen (vgl. Pilz-Kusch, 2020, S. 59). Auch ein Spaziergang erlaubt, Bilanz zu ziehen und den Fokus erneut auf Positives zu richten (vgl. Causevic & Endemann, 2019, S. 125; Löhmer & Standhardt, 2012, S. 111). Besonders abends gilt es, Abstand zu schaffen und damit die Erholung über Nacht zu fördern (vgl. Pilz-Kusch, 2020, S. 76). Löhmer und Standhardt verweisen auf weiterführende Auszeiten und einen zeitweisen (tage-, wochenend- oder wochenweise), bewussten und regenerierenden Ausstieg aus dem Alltag hin (vgl. 2012, S. 164). Wer regelmäßige Pausen auslässt, riskiert, dass Stresshormone und Anspannung abends zu hoch sind und Einschlafstörungen fördern – auch wenn die aktuelle Arbeitswelt die Erkenntnisse der Regeneration und des Pausenmanagements oftmals außen vor lässt (vgl. Hillert et al., 2018, S. 60 f.). Regenerationsphasen sollten daher geplant werden, geübt und entsprechend automatisiert werden. Ebenso hilft eine Begrenzung der Arbeitszeit und verpflichtet zu Erholungsphasen, auch wenn noch keine ausreichende Zufriedenheit mit Arbeitsergebnis eingetreten ist (vgl. ebenda, S. 63 f.). Auch hier können Apps unterstützen (vgl. Pilz-Kusch, 2020, S. 59).

Gesunde Lebensweise: Ernährung, Bewegung und Schlaf für Regeneration sowie Gedächtniskonsolidierung. Das regenerative Stressmanagement bezieht nicht nur Maßnahmen für einen gezielten Ausgleich von Stress- oder Belastungssituationen mit ein, sondern auch eine präventive Gesundheitsförderung, zu der eine gesunde Ernährung, ausreichend Bewegung und genügend Schlaf gehören. Denn im Umkehrschluss stellt ein Mangel in diesem Bereich zusätzliches Stress-Potential im Alltag dar (vgl. Siebecke & Kaluza, 2014, S. 102). Seiwert verweist darauf, dass ein Fokus auf die Gesundheit erst dann erfolgt, wenn diese gefährdet ist (vgl. 2014, S. 19; ebenso: Löhmer & Standhardt, 2012, S. 9 und 102 f.) – ebenso, dass die Kosten im Gesundheitswesen in den letzten Jahrzehnten überproportional angestiegen sind (vgl. Seiwert, 2014, S. 29) und sich allein die Einnahme von Medikamenten deutlich erhöht hat (vgl. Löhmer & Standhardt, 2012, S. 28). Um Medikamenten-Missbrauch zu vermeiden, fordert die Politik daher aktuell mehr Daten zur Prävention (vgl. Ärzteblatt, 2021). Insgesamt beliefen sich die Gesamt-Ausgaben im Gesundheitssystem im Jahr 2018 auf 390,6 Mrd. EUR, im Vergleich dazu im Jahr 1990 lediglich auf 155,4 Mrd. EUR (vgl. statista, 2021).

Bewegung und Sport nutzen dabei die Ansatzpunkte an den Stressreaktionen auf körperlicher Ebene sowie der Freisetzung von Endorphinen und damit den körpereigenen Glückshormonen. Erreicht werden kann auch dies bereits zeitsparend, beispielsweise durch den aktiven Gebrauch von Treppen, Telefonate im Stehen – ebenso durch mäßigen Ausdauersport (vgl. Siebecke & Kaluza, 2014, S. 102; Löhmer & Standhardt, 2012, S. 111). Und gerade bei Tätigkeiten mit abnehmender körperlicher Betätigung müssen Aktivität und Bewegung wieder bewusst in den Alltag integriert werden (vgl. ebenda) – vor allem wenn in der digitalen Ära ein Ausgleich durch Bewegung bzw. körperliche Arbeit zunehmend eingeschränkt ist (vgl. Causevic & Endemann, 2019, S. 141 f.). Nach Fessler bietet sich hierfür das

„selbstinstruktive Körper-Achtsamkeitstraining" an, das Bewegung und Entspannung bei größtmöglicher zeitlicher und räumlicher Flexibilität vereint (vgl. 2018, S. 11 und 15 ff.). Ansatzpunkte zur Optimierung der Lebensgestaltung finden sich auch bei Seiwert (vgl. 2014, S. 29 ff.). Allen gemein ist, dass regelmäßige Bewegung ein wesentliches Element in einer gesunden Lebensführung und einen wichtigen Baustein der Stressreduzierung darstellt. Wie bereits dargelegt, kann dies effizient umgesetzt werden: So lassen sich beispielsweise Aufzüge und kurze Strecken mit dem Auto durch körperliche Betätigung ersetzen und sich so das psychische und physische Wohlbefinden durch kleine Bewegungseinheiten steigern. Regelmäßiger Ausdauersport unterstützt den Stressabbau (vgl. ebenda, S. 142; Siebecke & Kaluza, 2014, S. 102). Individuell gilt es, die richtigen und spaßmachenden Aktivitäten auszuwählen und für Abwechslung zu sorgen (vgl. Causevic & Endemann, 2019, S. 146; ebenso: Löhmer & Standhardt, 2012, S. 115).

Tipps und Grundregeln für eine gesunde Ernährung können den Hinweisen der Deutschen Gesellschaft für Ernährung e. V. (DGE) entnommen werden (vgl. Siebecke & Kaluza, 2014, S. 103; DGE, 2021). Dabei weist die DGE explizit darauf hin, dass eine vollwertige Ernährung nicht nur die Gesundheit und das Wohlbefinden steigert, sondern auch die individuelle Leistungsfähigkeit (2021).

Schlaf gilt als das wesentlichste und bedeutsamste Erholungskonzept. Basierend auf einer chronischen Verschiebung im hormonellen Gleichgewicht, der Veränderung von Stoffwechsel, Verdauung und Blutzuckerspiegel fördern Schlafdefizite auf Dauer nicht nur die Stressintoleranz, sondern gefährden auch die Gesundheit (vgl. Siebecke & Kaluza, 2014, S. 104). Weiterhin durchläuft der Körper während des Schlafs Regenerationsprozesse. Zudem erfolgt eine Konsolidierung des Gedächtnisses (vgl. Causevic & Endemann, 2019, S. 125). Ein- und Durchschlafstörungen reduzieren die Stresselastizität und begünstigen negative Bewertungen und Gedanken (vgl. Siebecke & Kaluza, 2014, S. 104; Pilz-Kusch, 2020, S. 186 f.). Siebecke und Kaluza empfehlen daher regelmäßige Schlaf- und Aufstehenszeiten, eine angenehme Schlafumgebung fernab der Arbeit sowie die Vermeidung von Koffein, Nikotin, Alkohol, körperliche Aktivität und zu üppigem Essen vor dem Schlafen. Entspannungsrituale direkt vor dem Schlafengehen unterstützen den Prozess (vgl. ebenda, vgl. auch Causevic & Endemann, 2019, S. 128 ff.). Causevic und Endemann empfehlen auch, das Handy ca. eine Stunde vor dem Schlafen gehen auszuschalten und so einen erholsamen Schlaf zu fördern (vgl. 2019, S. 65). Zudem gilt es, insgesamt Distanz zum Tagesgeschehen zu schaffen, wobei Rituale entsprechend unterstützen (vgl. Pilz-Kusch, 2020, S. 76). Eine besondere Bedeutung kommt in diesem Zusammenhang der Schichtarbeit mit wechselnden Arbeitszeiten zu, die einen zusätzlichen Stressor darstellen und gleichzeitig feste Regenerationszeiten einschränken oder verhindern (vgl. Siebecke & Kaluza, S. 105).

Die optimale Schlafdauer ist vom jeweiligen Individuum abhängig und wird von dessen genetischer Veranlagung geprägt (Kurzschläfer ≤ 6 h, Normalschläfer 6,5–8 h, Langschläfer ≥ 9 h) (vgl. Causevic & Endemann, 2019, S. 127). Powernaps (ca. 20 min, zwischen 13 und 15 Uhr) bilden zusätzliche Energieressourcen, die in den Alltag integriert werden können (vgl. ebenda, S. 126).

3.3   Kognitives Stressmanagement

Berufstätige bringen sich unterschiedlich stark am Arbeitsplatz ein. Je nach Verausgabungsneigung, Angst vor Versagen und Arbeitsplatzverlust, der Wunsch nach Erfolg sowie der Eigenschutz vor Fehlern bzw. Misserfolgen können die Basis für den jeweiligen Einsatz bilden (vgl. Hillert et al., 2018, S. 38; Löhmer & Standhardt, 2012, S. 169). Zu den Einsatztreibern gehören auch ein mangelndes Vertrauen in die eigenen Kompetenzen, spontane und unberechenbare Herausforderungen/Veränderungen, die Sorge etwas zu verpassen oder mit dem Tempo anderer nicht standhalten zu können. Eine andauernde Erreichbarkeit sowie der Druck, immer auf dem Laufenden sein zu müssen, fördern dieses Ungleichgewicht (vgl. Hillert et al., 2018, S. 38). Besonders zur Risikogruppe gehören motivierte und engagierte Personen (vgl. Löhmer & Standhardt, 2012, S. 28; Pilz-Kusch, 2020, S. 26) – also diejenigen, die von Natur aus mehr geben und einen höheren Einsatz zeigen.

Ansatzpunkte des kognitiven Stressmanagement stellt daher die Einstellungsänderung der jeweiligen Person dar sowie die Veränderung von Motiven, Bewertungen und Einstellungen, die oftmals als Stressverstärker wirken (in Anlehnung an: APA, 2014; Kaluza & Chevalier, 2017, S. 146; GKV-Spitzenverband, 2020, S. 81 f.). Dabei gilt es auch, sich Prägungen durch Bezugspersonen der Kindheit bewusst zu machen und diese zu hinterfragen (vgl. Löhmer & Standhardt, 2012, S. 85). Gearbeitet wird zudem an der Akzeptanz der persönlichen Leistungsfähigkeit mit Chancen und Grenzen, das Setzen neuer und zur Person passender Ziele sowie das Vermeiden bzw. die Reduktion von Perfektionismus. Auch dazu gehört ein Bewusstwerden hinsichtlich der eigenen inneren Antriebe und Werte. Eine positive innere Haltung hilft, Probleme und Schwierigkeiten als Herausforderung und als Chance für eine persönliche Weiterentwicklung umzubewerten. Teil des kognitiven Stressmanagements ist weiterhin ein kontinuierliches Anpassen der persönlichen und beruflichen Prioritäten und damit eine Erhaltung des eigenen Fokus auf das jeweils Wesentliche (in Anlehnung an: APA, 2014; Kaluza & Chevalier, 2017, S. 146 und 152 ff.; GKV-Spitzenverband, 2020, S. 81 f.). Es lässt sich auch hier ein Bogen zu PSI-Theorie schlagen, nach der Selbstwachstum auf der Basis der Regulierung von negativem Affekt möglich ist (vgl. Kuhl, 2010, S. 463; Meyer, 2019/2021).

Causevic und Endemann weisen darauf hin, dass ein Ansetzen an den Stressverstärkern das relevanteste Handlungsfeld im Stressmanagement darstellt, da Stress zu großen Teilen im Kopf erzeugt wird (vgl. 2019, S. 71 f.). Dabei gilt es, stressverstärkende sowie stressmindernde Denkmuster zu erkennen. Ziel ist die Entwicklung förderlicher Denkweisen mithilfe einer kognitiven Umstrukturierung bzw. Transformation (vgl. Kaluza & Franke, 2018, S. 357; Causevic & Endemann, 2019, S. 77). Ebenso ist es von Bedeutung, Denkinhalte nachzujustieren und in stressmindernde Gedanken zu überführen. Eine wichtige Rolle nimmt die Identifikation der persönlichen inneren Antriebe ein, die als Stressverstärker wirken können (vgl. ebenda):

- „Leistungsmotiv: Sei perfekt!"
- „Anschlussmotiv: Sei beliebt!"
- „Autonomiemotiv: Sei stark!"
- „Kontrollmotiv: Sei vorsichtig!"
- „Schonungsmotiv: Ich kann nicht! (bzw. ich kann das nicht aushalten)."

Auch wenn oftmals mehr als nur ein Stressverstärker an Bord ist, lässt sich meist einer als dominant herauskristallisieren. Diesen gilt es, zielgerichtet zu kontrollieren und steuern und mit möglichst konstruktiv einzusetzen – anstelle sich von diesen treiben zu lassen und die vorhandenen Stress- und ggfs. Erholungsbedürftigkeits-Signale zu ignorieren. Es geht also darum, die positiven Eigenschaften beizubehalten und die stressverstärkenden Anteile gezielt zu reduzieren (vgl. Causevic & Endemann, 2019, S. 78 und 80). Dabei können schon kleine Anpassungen ausreichen, um Stressempfinden und Burnout entgegenzuwirken (vgl. Strobel, 2015, S. 64). Zielführend ist es auch, sich weniger persönlich mit alltäglichen Aufgaben zu identifizieren und mehr innere Distanz zu wahren (vgl. Kaluza & Chevalier, 2017, S. 153; Fessler, 2018, S. 13). Gleiches gilt für Erwartungen, die von anderen Personen ausgehen (vgl. Fessler, 2018, S. 12). Auch hilft es, sich Positives zu vergegenwärtigen, Dankbarkeit zu praktizieren (vgl. Löhmer & Standhardt, 2012, S. 162) und die Realität mit weniger fest vorgegebenen Erwartungen zu akzeptieren (vgl. Kaluza & Chevalier, 2017, S. 153 f.).

Ausgewählte Methoden/Bausteine des kognitiven Stressmanagements. Da eine vollständige Ausführung der aufgeführten Methoden, den Rahmen dieser Publikation übersteigen würde, werden auch an dieser Stelle lediglich ausgewählte Methoden, Techniken und Vorgehensweisen des kognitiven Stressmanagements als Anregung, Idee bzw. Impuls nochmals detaillierter beleuchtet:

- Selbstfürsorge und Selbstwert(-schätzung)
- Reflektierte Situationsbewertung und Entwicklung förderlicher Gedanken
- Selbstinstruktionen/-anweisungen
- Verändern der inneren Haltung sowie die Bewertung/Umbewertung von Stress
- Zukunftsvision, Zielklärung und -definitionen sowie Prioritätensetzung
- Affektregulation / Ausgleich negativer Emotionen
- Stärken der Selbstwirksamkeit

Selbstfürsorge und Selbstwert(-schätzung). Oftmals werden die Rahmenbedingungen für Mitarbeitergesundheit, die von Führungskräften und Unternehmen verantwortet werden, nicht im Sinne einer Stress-Balance gehandhabt – beispielsweise wenn Stellenabbau oder Gewinnmaximierung im Vordergrund stehen (vgl. Hillert et al., 2018, S. 40 f.) – auch wenn sich die Bundesregierung im Sinne einer nachhaltigen Unternehmensführung neben der Ausrichtung auf ökonomische Ziele auch das Erreichen sozialer bzw. ökologischer Ziele wünscht (vgl. Deutscher Bundestag, 1998, S. 18 ff.). Gefragt sind damit Entlastungsmöglichkeiten, die von jedem Einzelnen umgesetzt werden können und außerhalb des Einflussbereichs der Unternehmen liegen (vgl. Hillert et al., 2018, S. 40 f.). Damit wird Stressprävention zur „persönlichen Aufgabe", die neben einem betrieblichen Gesundheitsmanagement steht (vgl. Strobel, 2015, S. 66 f.). Selbst(be)achtung und Selbstfürsorge werden so zu Schlüsselkompetenzen moderner Menschen (vgl. Löhmer & Standhardt, 2012, S. 9; Pilz-Kusch, 2020, S. 44).

Das eigene Selbstwertgefühl auch über die Phasen negativen Feedbacks oder der Infragestellung von Person und Arbeitsleistung stabil zu halten und sich selbst schätzen bzw. loben zu können, gehört zu den möglichen Entlastungskompetenzen. Die Begründung hierfür liegt darin, dass Lob, Anerkennung und Wertschätzung von außen nur dann angenommen werden können, wenn die Eigenwertschätzung entsprechend ausgeprägt ist (vgl. ebenda, S. 76). Strobel weist auf eine

Kopplung von Selbstwert und negativen Glaubenssätzen hin. Denn mittels innerer Antreiber wird versucht, das eigene Selbstbewusstsein aufzuwerten oder zumindest aufrechtzuerhalten (vgl. 2015, S. 65).

Positive und lobende Gedanken für Erreichtes, sich selbst belohnen oder die aktive Kommunikation von Erfolgen fördern den Stolz für die eigene Leistung und damit den eigenen Selbstwert. Ein Lobtagebuch kann diesen Prozess unterstützen (vgl. Hillert et al., 2018, S. 76 f.). Es gilt also, die Wahrnehmung des eigenen Erfolgs zu trainieren und Geleistetes nicht als eine Fügung zufälliger Rahmenbedingungen zu sehen (vgl. Hillert et al., 2018, S. 76 f.; Strobel, 2015, S. 55) – vor allem, wenn vergangenheitsbasiert gegenteilige Prägungen vorliegen und es darum geht ein gesundes Verhältnis zu den eigenen Leistungen und Erfolgen zu entwickeln (vgl. Hillert et al., 2018, S. 76 f.).

Die Stärkung der Selbstfürsorge setzt an einer Verbesserung der Erholungsfähigkeit an (vgl. hierzu Abschn. 3.2), ebenfalls an akzeptanzbasierten Ansätzen (vgl. Hillert et al., 2018, S. 41). Gesundheitsunterstützend wirkt sich dabei aus, wenn das Spannungsfeld zwischen Soll- und Istzustand der eigenen Wünsche, Interessen und Bedürfnisse reduziert wird (vgl. Hillert et al., 2018, S. 46). Zu lieben („love it") gilt es, was auf Basis der eigenen Vorstellungen nicht erreicht werden kann oder sich als unrealistisch erweist. Ausreichend Handlungs- und Gestaltungsspielräume erlauben eine persönliche Weiterentwicklung bzw. Veränderung („change it"), zu der auch die Thematisierung eigener Belastungsgrenzen oder Über- bzw. Unterforderung gehört. Über den Wechsel des Arbeitgebers („leave it") wird meist die Konfrontation mit Konflikten vermieden. Gleichzeitig für dieses Konfliktvermeidungsverhalten zu einem erhöhten Risiko, beim nächsten Arbeitgeber erneut mit ähnlichen Situationen konfrontiert zu werden. Daher sollte der Job-Wechsel sehr bewusst in Erwägung gezogen werden, beispielsweise wenn es für die eigene Weiterentwicklung zielführend ist oder dieser in keinster Weise vermieden bzw. aufgeschoben werden kann (vgl. ebenda, S. 46). Auch bei Löhmer und Standhardt findet sich eine Kombination aus „Akzeptieren – Verändern – Verlassen" wieder (vgl. 2012, S. 60).

Essentiell ist es, eine Entscheidung zu treffen, nicht auf Dauer in einer chronischen Stress-Situation zu verharren und sich damit ebenso gegen andere Handlungsalternativen zu entscheiden (vgl. Hillert et al., 2018, S. 44 f.; Löhmer & Standhardt, 2012, S. 63). Hillert et al. beschreiben eine „Sackgasse" bzw. „Zwickmühle", die sich aus mangelnder Entscheidungsfähigkeit ergeben kann und aus der sich betroffene Personen meist nur schwer oder gar nicht mehr selbst lösen können. Es entsteht eine Opferhaltung und ein Ohnmachtsgefühl, der Stress-Situation oder dem verständnislosen Vorgesetzten/Kollegen machtlos ausgeliefert zu sein. Ein direkter Vergleich zwischen Soll- und Istzustand erweist sich als richtungsweisend

und verhilft zu Klarheit. Denn wenn beständig gegen die eigenen Werte, Bedürfnisse und Vorstellungen gearbeitet wird, besteht das Risiko zur Entwicklung von
Depressionen und Arbeitsunfähigkeit – gesundheitliche Konsequenzen, die nicht
durch eine entsprechend hohe Vergütung ausbalanciert werden können (vgl. 2018,
S. 44 f.).

Werden Veränderungs-Varianten definiert, gilt es, entsprechend ins Handeln zu
kommen, diese zielgerichtet umzusetzen und entsprechend zu reflektieren (vgl.
ebenda, S. 47 f.; ebenso Abschnitt Ziele).

Reflektierte Situationsbewertung und Entwicklung förderlicher Gedanken.
Basis für das Stresserleben stellt die individuelle Situationsbewertung dar (vgl.
Siebecke & Kaluza, 2014, S. 87 f.; Causevic & Endemann, 2019, S. 74 ff.; Pfeifer,
2012, S. 9; Meyer, 2021, S. 15). Eine positive Gedankenlenkung kann dazu verhelfen, die Situation als neutral oder sogar als positiv zu bewerten. Ersichtlich wird so
die wesentliche Rolle, die der Bewertung von Situationen im Rahmen des Stressmanagements zukommt. Wichtig ist es, das eigene Verhalten anhand der negativen
Bewertung zu reflektieren und sich des Zusammenhangs bewusst zu werden (vgl.
Siebecke & Kaluza, 2014, S. 87 f.; Causevic & Endemann, 2019, S. 74 ff.). Löhmer
und Standhardt weisen auf eine „Kultivierung" negativer Gedanken hin, die eine
entsprechende Realität erzeugt (vgl. 2012, S. 89 ff.). Es gilt daher, die Negativ-
bewertung zu erörtern und zu transformieren. Dies kann beispielsweise über eine
Realitätstestung und Konkretisierung, die Lenkung der Gedanken auf Positives und
die mit der Situation verbundenen Lern- und Entwicklungschancen geschehen. Auch
eine Orientierung an bisherigen Erfolgen sowie eine Ausrichtung auf die eigenen
Stärken und mögliche positive Konsequenzen können den Prozess der „Entkata-
strophisierung" unterstützen. Von Relevanz ist es auch, Distanz bzw. Abstand zu
schaffen. Denn Personalisieren führt dazu, dass Ereignisse auf die eigene Person
bezogen und damit persönlich genommen werden (vgl. Siebecke & Kaluza, 2014,
S. 87 f.; Causevic & Endemann, 2019, S. 74 ff.; Strobel, 2015, S. 91). Perspekti-
venwechsel helfen die Situation mit Abstand und aus einem anderen Blickwinkel
wahrzunehmen (vgl. Causevic & Endemann, 2019, S. 75 ff.; Löhmer & Standhardt, 2012, S. 33) – und so zu neutralisieren. Auch ein Akzeptieren der Realität
wirkt stressmindernd und verhindert einen dauerhaften „Fokus auf das Negative",
das durch ein „Defizit-Denken" und damit ein defizitäres Einschätzen der eigenen
Ressourcen und Kompetenzen nochmals verstärkt werden kann (vgl. hierzu auch
Tab. 3.5). Daher gilt es, sich ganz gezielt mit den eigenen Stärken und Erfolgen auseinanderzusetzen und so den Blick für die eigenen Kompetenzen zu schärfen (vgl.
Causevic & Endemann, 2019, S. 75 ff.). Ansatzpunkte aus einer anderen Perspektive
bieten Löhmer und Standhardt (in Anlehnung an Byron Katie) im Rahmen einer

Auseinandersetzung mit den Fragen, ob die Situation (mit absoluter Gewissheit) der Wahrheit und Realität entspricht, welche emotionale und kognitive Reaktion aus diesem Denkmuster folgt und wie die Stress-Situation ohne diese Gedanken wäre. Ziel ist eine individuelle Überprüfung des Realitätsgehalts als Basis für eine kognitive Transformation (vgl. 2012, S. 91 f.).

Selbstinstruktionen und -anweisungen. Bei der Selbstinstruktion geht es um eine überlegte, zielgerichtete Handlungssteuerung und damit um eine Unterbrechung von Automatismen und Verhaltensmustern in Stress- und Belastungssituationen. Dabei gilt es, ein Bewusstsein für die Frühindikatoren bzw. Vorwarnsignale zu entwickeln, diesen gezielt mit einem „Stopp" entgegen zu treten und durch förderliche Verhaltensweisen zu ersetzen (vgl. Siebecke & Kaluza, 2014, S. 88 f.). Nach Meichenbaum sollten sich die Selbstinstruktionen auf nachfolgende Phasen beziehen (vgl. 2003, S. 90, zitiert nach Siebecke & Kaluza, 2014, S. 89):

1. Vorbereitung auf den Stressor sowie Kontrolle von selbstabwertenden und stressverstärkenden Gedanken, Gefühlen sowie inneren Bildern
2. Bewusste Stresswahrnehmung, Umbewertung bei Konfrontation mit dem Stressor sowie Bewältigung negativen Affekts
3. Überbrücken kritischer Situationen innerhalb der Stressbewältigung
4. Evaluierung des Stressbewältigungsresultats

Als besonders hilfreich stellen sich Selbstinstruktionen dar, die dazu verhelfen im Hier und Jetzt zu bleiben und einem Schritt nach dem anderen zu tun. Auch gilt es, sich auf Kontrolle und Kompetenz ausrichten und bereits vorhandene Erfahrungen zu fokussieren. Auch hier ist es hilfreich, die Situation anzunehmen wie sie ist (vgl. Siebecke & Kaluza, 2014, S. 89; Causevic & Endemann, 2019, S. 75 ff.).

Verändern der inneren Haltung sowie gedankliche Bewertung/Umbewertung von Stress. Ansatzpunkt stellt hierbei die kritische Reflektion überzogener Einstellungen und der damit verbundenen Befindlichkeiten dar (Siebecke & Kaluza, 2014, S. 90 f.; Strobel, 2015, S. 52 ff. und 62 ff.). Dabei basieren etliche Einstellungen und Bewertung auf Sozialisierungsprozessen in der Kindheit (vgl. Causevic & Endemann, 2019, S. 73; Meyer, 2019, S. 216 f.; Strobel, 2015, S. 52). Nach ihrer Identifikation geht es darum, diese gezielt umzubewerten und neue, passendere und förderliche Einstellungen zu formulieren (vgl. Siebecke & Kaluza, 2014, S. 91; Tab. 3.5).

Tab. 3.5 Mögliche Gegenmittel für Stressverstärker

Stressverstärker	Motiv	Kognitives Gegenmittel	Stressmanagement-Kompetenzen
Sei perfekt!	Wunsch nach Leistung und Erfolg	„Ich gebe mein Bestes und achte auf mich" „Oft ist gut gut genug"	• Fehlertoleranz entwickeln • Fokus auf Lernprozesse
Sei beliebt!	Wunsch nach Anschluss/ Zugehörigkeit und Harmonie	„Kritik gehört dazu." „Ich darf „nein" sagen." „Nicht alle müssen mich mögen"	• Grenzen setzen lernen • Nein-Sagen • Vertreten eigener Interessen
Sei stark!/Sei unabhängig!	Wunsch nach Autonomie, Unabhängigkeit, Stärke und Selbstbestimmung	„Ich muss nicht alles selbst machen" „Schwächen sind menschlich" „Ich gebe anderen die Chance, mich zu unterstützen."	• Annehmen und Suchen von Unterstützung • Delegieren • Eigene Grenzen und Schwächen akzeptieren
Sei vorsichtig! / Behalte die Kontrolle!	Wunsch nach Sicherheit und Kontrolle	„Ich muss nicht alles kontrollieren." „Ich akzeptiere, was ich nicht ändern kann." „Ich bleibe auch bei Ungewissheit gelassen."	• Akzeptanz von Unsicherheit • Toleranz kalkulierbarer Risiken • Vertrauen in andere entwickeln • Delegieren

(Fortsetzung)

Tab. 3.5 (Fortsetzung)

Stressverstärker	Motiv	Kognitives Gegenmittel	Stressmanagement-Kompetenzen
Ich kann nicht!	Wunsch nach Schonung	„Alles geht vorüber." „Ich vertraue auf mich." „Ich habe schon ähnliche Situationen gemeistert	• Vertrauen in die eigenen Stärken, Fähigkeiten und Kompetenzen entwickeln • Fokussieren bisheriger Erfolge
Halte durch!	Missachtung der eigenen Bedürfnisse	„Ich gönne mir Pausen und genügend Erholung!"	• Eigene Grenzen akzeptieren • Fokus auf Bedürfnisse und Gesundheit/Selbstfürsorge • Erholungsphasen trainieren

Quelle: vgl. Kaluza, 2011, S. 114; Siebecke & Kaluza, 2014, S. 91; Causevic & Endemann, 2019, S. 80 ff.

Neue innere Haltungen müssen internalisiert werden. Hierbei helfen Imaginationsübungen in Kombination mit Entspannungstechniken, Rollenspielen, Merkhilfen sowie Übungen zur Wiederholung, um die neuen neuronalen Vernetzungen zu stabilisieren und zu stärken – d. h. je öfter neue Gedankenmuster in Gebrauch sind, desto präsenter und schneller verfügbar werden diese (vgl. Siebecke & Kaluza, 2014, S. 91; Causevic & Endemann, 2019, S. 88).

Nach Causevic und Endemann gehört die gezielte gedankliche Transformation einer Bedrohungssituation in eine Chance/Herausforderung zu einem gelungenen kognitiven Stressmanagement. Die Lenkung der Achtsamkeit auf die eigenen Ressourcen und Kompetenzen erlaubt neben einer angemessenen Reaktion auch eine persönliche Weiterentwicklung (vgl. hierzu auch Kuhl, 2010, S. 463). Erscheint eine neue Situation als bewältigbar, wird die Stressreaktion gedämpft. Es erfolgt eine Regulation negativen Affekts (vgl. auch Pfeifer, 2012, S. 9). Eine zusätzliche gedankliche Vorwegnahme der positiven Zielerreichung und des Zukunftserfolgs erlaub positive Emotionen. Eine auf das Ziel ausgerichtete Wortwahl sensibilisiert und wirkt im Hinblick auf Zielerreichung unterstützend (vgl. Causevic & Endemann, 2019, S. 85 f.). In der Phase der Transformation hilft beispielsweise die Gedanken-Stopp-Technik einen Rückfall in alte Denkmuster zu vermeiden. Stresserzeugende Gedanken werden dabei innerlich mit einem Stopp-Schild blockiert bis sich entspanntes Wohlbefinden einstellt. Es erfolgt auch hier ein Fokus auf gelassenheits- und leistungssteigernde Gedanken (vgl. ebenda, S. 91).

Zukunftsvision, Zielklärung und -definition sowie Prioritätensetzung Während Causevic und Endemann die Zielearbeit dem Zeitmanagement und damit dem instrumentellen Stressmanagement zuordnen (vgl. 2019, S. 47 ff.) finden sich diese bei Siebecke und Kaluza im kognitiven Stressmanagement und damit nachfolgend wieder (vgl. 2014, S. 93 f.).

Ziele und Orientierung erhöhen die Stresselastizität und mildern Stressreaktionen bzw. Burnout-Gefahr (vgl. Pfeifer, 2012, S. 9; Hillert & Albrecht, 2020, S. 53). Gleichzeitig können Ziele die Umbewertung und Transformation einer Bedrohung in eine Herausforderung erlauben (vgl. ebenda; Causevic & Endemann, 2019, S. 46; Siebecke & Kaluza, 2014, S. 93 f.). Voraussetzung hierfür ist, dass die Ziele der Selbstbestimmung unterliegen, mit eigenem Handeln und von äußeren Rahmenbedingungen oder anderen Personen weitgehend unabhängig erreicht werden können (vgl. Causevic & Endemann, 2019, S. 46; Siebecke & Kaluza, 2014, S. 93 f.; ebenso in Anlehnung an: Kuhl, 2010, S. 463). Würzburger legt dar, dass sich Menschen immer dann im Fluss befinden, wenn sie ihrer Intuition folgen und Aktivitäten nachgehen, die ihnen wirklich entsprechen. Er weist weiterhin darauf hin, dass zu viele Menschen in freudlosen Aufgaben stecken und eher den Dienst nach Vorschrift verfolgen (vgl. 2019, S. 78; ebenso: Gallup 2018; Personalwirtschaft 2019). Auch Hillert und Albrecht führen aus, dass sich Menschen zu Gunsten einer höheren Geschwindigkeit und Komplexität der modernen Gesellschaft und Arbeitswelt von sinnvollen Individualziele lösen (vgl. 2020, S. 1). Ein ähnlicher Hinweis findet sich ebenfalls bei Seiwert (2014, S. 20). Dabei gilt es, die passende Tätigkeit und den richtigen Arbeitsplatz zu finden – ebenso Arbeitsweise, -rhythmus, -dosis und -schnelligkeit zu reflektieren (vgl. Pilz-Kusch, 2020, S. 43). Von Bedeutung ist also, sich mit gesetzten Zielen und eigenen Zielvorstellungen kritisch auseinanderzusetzen. Dies erlaubt eine Ausrichtung der vorliegenden Belastungs-Situation auf die Zukunft sowie das Setzen entsprechender Prioritäten. Auftretende Stress-Situationen können so als Herausforderung für eine zukünftige Zielerreichung umdefiniert werden, woraus sich eine höhere Stresselastizität ergibt (vgl. auch Pfeifer, 2012, S. 9; Siebecke & Kaluza, 2014, S. 93 f.). Für die Sinnorientierung sind dabei zunächst Wunschziele basierend auf einer persönlichen positiven Vision zu entwickeln (vgl. Kaluza & Franke, 2018, S. 358; Strobel, 2015, S. 93). Wie bereits dargelegt ist es wichtig, dass diese vollständig der eigenen Kontrolle und Verantwortung unterliegen und mit positiven Emotionen gekoppelt sind. Zur Einübung und Internalisierung können Erinnerungshilfen zum Einsatz kommen (bspw. Bilder, Farben, Motive, Rituale). Gleichzeitig erlaubt die Nutzung von Stopp-Befehlen eine kognitive Ausrichtung auf die eigenen Ziele – und weg von der ursprünglichen Stress-Situation. Soziale Netzwerke und Kontakte unterstützen bei der handlungswirksamen Umsetzung der Ziele und können ebenfalls als Reminder fungieren. Relevant ist ebenfalls eine zu den Zielen passende Körperhaltung, die Selbstbewusstsein vermittelt und auf eine positive Wechselwirkung zwischen Körper und Geist abzielt. Abgeleitet werden anschließend konkrete Verhaltensziele, die den Anforderungen SMARTer Ziele (spezifisch, messbar, attraktiv, realistisch, terminiert) genügen (vgl. Siebecke & Kaluza, 2014, S. 93 f.). Damit ergibt sich ein mehrstufiger Aufbau, der wie folgt abgebildet werden kann (vgl. Tab. 3.6):

Positive Eigendialoge, Optimismus und Vertrauen in die eigenen Stärken und Kompetenzen können dabei als Bestärker wirken und den Prozess unterstützen. Causevic und Endemann gehen zudem auf die konkrete Ableitung von Wochen- und Monatsplänen hin, ebenso eine Differenzierung in Soll- und Kann-Ziele. Eine positive Vorstellung der Emotionen bei Zielerreichung stärkt die Ausdauer und den kontinuierlichen Lernprozess. Eine konsequente Wiederholung des neu Gelernten sichert den langfristigen Lernerfolg – ebenso steigert das Aktivieren verschiedener Wahrnehmungskanäle (visuell, auditiv, kommunikativ, somatisch) die Verstehens- und Behaltensquote (vgl. Causevic & Endemann, 2019, S. 46 ff.).

Affektregulation/Ausgleich negativer Emotionen. Relevante Strategien zum Abbau negativer Emotionen stellen die Begegnung mit Empathie dar, das Schaffen von Distanz sowie eine „Entemotionalisierung". Empathie setzt dabei am Verständnis für die andere Partei an, versucht die Hintergründe zu verstehen und reduziert so negativen Affekt – oder schließt diesen sogar ganz aus. Ansatzpunkt der „Entemotionalisierung" stellt die analytische Bewertung der jeweiligen Stress- oder Belastungssituation dar. Weiterhin helfen Abstand bzw. Trennung von Situation und Person, um Rückmeldungen nicht zu personalisieren (vgl. Siebecke & Kaluza, 2014, S. 96). Erlernt und gefestigt werden können diese Stressbewältigungsmethoden beispielsweise durch Rollenspiele – für einen erfolgreichen Transfer in den Alltag (vgl. ebenda). Weitere Ansätze und Optionen liefern hierzu Storch und Kuhl bzw. die Ansätze der PSI-Theorie (vgl. Storch & Kuhl, 2016, S. 89–280; Meyer, 2021; Meyer, 2019, Anlage D.1, S. 4).

Stärken der Selbstwirksamkeit und Ressourcenbilanz. Die Selbstwirksamkeit beschreibt die innere Überzeugung, Belastungssituationen und komplexe Aufgaben auf Basis des eigenen Könnens erfolgreich bewältigen zu können (vgl. Causevic & Endemann, 2019, S. 96).

Dabei neigen Menschen mit einer geringeren Selbstwirksamkeit eher zum Fokus von Misserfolgen sowie zur Betrachtung von Kompetenz-Defiziten. Positive Erfahrungen und Erfolge stärken die Selbstwirksamkeit. Gleichzeitig wirkt sich eine

Tab. 3.6 Umsetzung der Vision in konkrete Verhaltensziele

Teilschritt 1: Vision/Wunschzustand	Teilschritt 2: Handlungswirksames Ziel/Leitmotiv zum Erreichen des Wunschziels	Teilschritt 3: Konkretes Verhaltensziel
Körperliche Fitness und innere Ausgeglichenheit	„Ich nutze meine mich beflügelnde Energie für Bewegung und innere Balance."	„Ich gehe ab morgen 2 × pro Woche Laufen/Spazieren und meditiere täglich 5–10 min."

Quelle: in Anlehnung an: Siebecke & Kaluza, 2014, S. 93; Storch, 2009, S. 202.

höhere Selbstwirksamkeit auch motivierend aus, in der Zukunft freiwillig herausfordernde Aufgaben zu übernehmen. Wichtig ist daher der Fokus auf bisherige Erfolge, Stärken und Kraftquellen (vgl. ebenda, S. 97; Pilz-Kusch, 2020, S. 96) – ganz gleich, ob diese dem privaten oder beruflichen Bereich zuzuordnen sind. Stolz und Eigenlob fördern eine realistische Vorstellung des eigenen Erfolgs und führen zu einem begeisterten, zielorientierten Verhalten (vgl. Causevic & Endemann, 2019, S. 97). Insgesamt gilt es, stresserzeugende Faktoren und Energiequellen in Balance zu halten, sich positive Aspekte und Erfahrungen zu vergegenwärtigen und so die Stresstoleranz bzw. -elastizität in fordernden Situationen zu erhöhen (vgl. ebenda, S. 99; Pilz-Kusch, 2020, S. 126 f.).

3.4 Strategien für den Akut- bzw. Notfall/„Glücks-Notfallapotheke" und „Gute-Laune-Päckchen"

Akute Notfallstrategien als Kombination von palliativ-regenerativem und kognitivem Stressmanagement unterstützen in der Reaktion auf nicht oder nur schlecht vorhersehbare Belastungssituationen, die sich proaktiven Bewältigungsstrategien entziehen. Wichtigstes Ziel hierbei ist es, in diesen Stress-Situationen die Überregung auf psychischer oder physischer Ebene zu kontrollieren, Stresstoleranz zu entwickeln und so angemessen zu handeln.

Kaluza und Franke verweisen diesbezüglich auf die Quart-A-Strategie, in der es darum geht, die Situation als solche „Anzunehmen", Stress-Indikatoren möglichst früh wahrzunehmen und diese ganz bewusst zu akzeptieren. „Abkühlen" kann mithilfe von kurzen Atem- und Entspannungstechniken sowie mit Bewegung erfolgen. Ziel ist die physische und psychische Aktivierungsregulation. Die „Analysephase" beinhaltet eine erste Bewertung des Stressors, an die sich entweder die „Ablenkung" oder die „Aktionsphase" anschließt (vgl. 2018, S. 358 f.).

Unterstützend hilft beispielsweise die bewusste Lenkung der Wahrnehmung auf neutrale oder positive Gedanken und Impulse (wie Kurzpausen, eine gezielte Ablenkung, Telefonieren oder der Austausch im Netzwerk etc.) zur Affektregulation und Erhaltung der Handlungsfähigkeit. Ebenfalls positive Eigendialoge können hierzu einen Beitrag leisten (vgl. hierzu auch Abschnitt Selbstinstruktionen als Teil des kognitiven Stressmanagements). Auch eignet sich ein Stress-Abbau auf physischer Ebene, beispielsweise durch eine bewusste langsame und tiefe Bauchatmung oder kurze Entspannungssequenzen (vgl. Siebecke & Kaluza, 2014,

S. 98; Causevic & Endemann, 2019, S. 100; Strobel, 2015, S. 102 ff.). Individuell gilt es vorbeugend ein Methodenportfolio bzw. den persönlichen „Anti-Stress-Weg" zu definieren, um Stress-Situationen entsprechend gewachsen zu sein und professionell begegnen zu können (vgl. Causevic & Endemann, 2019, S. 101; Strobel, 2015, S. 88). Auch bei Wiking findet sich eine „Glücks-Notfallapotheke" bestehend aus Kerzen, einer Tafel guten Schokolade, sowie Lieblingstee/-buch/-film und -musik. Ebenfalls dazu gehören Stift, Papier und ein Notizbuch, um positive Ereignisse festzuhalten. Für Wohlbefinden sorgen auch Decken und je nach Jahreszeit warme Socken und Wollpullover (vgl. 2016, S. 126 ff.). Strobel verweist auf ein „Gute-Laune-Päckchen, das an positive Emotionen und Erlebnisse erinnert" (vgl. 2015, S. 118). Insgesamt gilt es also, in Belastungssituationen genau, die Dinge zu tun, für die angeblich keine Zeit verfügbar ist und sich vom „Opfer" zum „Akteur" zu entwickeln (vgl. Kaluza & Franke, 2018, S. 359). Auch nach Strobel liegt der Fortschritt in der Eigenverantwortung (vgl. 2015, S. 94; ebenso in Anlehnung an: Seiwert, 2014, S. 29; Löhmer & Standhardt, 2012, S. 55; Pilz-Kusch, 2020, S. 12 und 54). Und ebenfalls nach Knoob bieten Stress und unsichere bzw. mehrdeutige Situationen jeweils die Chance zum Lernen (vgl. 2008, S. 48).

Selbstbeobachtungen als Fundament von Selbstführung und Verhaltensänderung

Als Instrument zur Selbsterkundung und -optimierung eignet sich die Selbstbeobachtung, die bei Bedarf durch professionelle Unterstützung ergänzt werden kann (vgl. Pilz-Kusch, 2020, S. 44 und 57; Meyer, 2021, S. 47). Auch nach Krotz gibt die Selbstbeobachtung Auskunft über die individuelle Wahrnehmung eines Problems oder einer Situation – ebenso zu den sich ergebenden, möglichen Handlungsoptionen (vgl. 1999, S. 11; Meyer, 2021, S. 47).

In Anlehnung an die in diesem Essential ausgewählten Methoden des multimodalen Stressmanagements lässt sich ein erstes Stärken- und Schwächen-Profil zur Selbstanalyse abbilden, aus dem sich mögliche Optimierungsansätze ergeben (in Anlehnung an: GKV-Spitzenverband, 2018, S. 76 f.; Kaluza & Franke, 2018, S. 356, Causevic & Endemann, 2019, S. 26 f.; Skalen in Anlehnung an: Offensive Mittelstand, INQA-Check „Personalführung", 2017; Meyer, 2021, S. 39; Abb. 4.1).

Je nach Optimierungsbedarf lassen sich Tages- oder Wochenprotokolle heranziehen, um das eine eigene Verhalten zu analysieren und etwaige Veränderungen festzuhalten (vgl. Hautzinger, 2011a, S. 257; Hautzinger, 2011b, S. 309). Als Einsatzbereiche lassen sich beispielsweise Aktivitätenprotokolle zur Überwindung von Passivität, Stimmungseinschätzungen sowie zur Dokumentation von Schwierigkeiten bei Arbeit und Leistung definieren (vgl. ebenda). Auf eine weitere mögliche Anwendung im Rahmen von Dankbarkeits- und Achtsamkeitstagebüchern wurde bereits hingewiesen (vgl. Tab. 3.3). Die Eintragungen sollten nach Hautzinger im Stundentakt, alternativ mindestens vier Mal pro Tag im Rückblick erfolgen (vgl. ebenda). Zugleich können Protokolle in Planungsinstrumente überführt werden, wenn eine Festlegung des Sollverhaltens im Vorhinein eingetragen wird. Insgesamt kommt dem eigenständigen Festhalten von Informationen neben einer diagnostischen Wirkung auch eine therapeutische Bedeutung zu: So kann dem eigenständigen Dokumentation von gezeigtem Verhalten im Rahmen

K. Meyer, *Ausgewählte Stressmanagement-Methoden für die VUCA-Welt*, essentials, https://doi.org/10.1007/978-3-658-35874-7_4

Ebene	Maßnahme	Stärken-Schwächen-Profil	Einschätzen des Handlungsbedarfs
		-2 -1 0 +1 +2	
Instrumentelles Stress-management	Stress-Liste		keiner ▓▓▓ dringend
	Klassisches Zeitmanagement, Ziele/Prioritäten und Zeitsouveränität		keiner ▓▓▓ dringend
	Entwickeln von Problemlösekompetenzen		keiner ▓▓▓ dringend
	Abgrenzen durch Selbstbehauptung, Nein-Sagen und Abweisen von unberechtigter		keiner ▓▓▓ dringend
	Arbeitsplatzgestaltung und digitale Auszeiten („digital detox")		keiner ▓▓▓ dringend
Palliativ-regeneratives Stress-management	Meditation und Business Meditation, Yoga, Körperwahrnehmung u.ä.		keiner ▓▓▓ dringend
	Balance mithilfe der Pflege von sozialen Netzwerken/ Kontakten und Zeit für sich selbst		keiner ▓▓▓ dringend
	Zufriedenheitserleben, bewusste Regenerations-phasen und Genusstraining/-pausen		keiner ▓▓▓ dringend
	Gesunde Lebensweise		keiner ▓▓▓ dringend
Kognitives Stress-management	Selbstfürsorge und Selbstwert(-schätzung)		keiner ▓▓▓ dringend
	Reflektierte Situations-bewertung und Entwicklung förderlicher Gedanken		keiner ▓▓▓ dringend
	Selbstinstruktionen/-anweisungen		keiner ▓▓▓ dringend
	Verändern der inneren Haltung sowie die Bewertung/ Umbewertung von Stress		keiner ▓▓▓ dringend
	Zukunftsvision, Zielklärung und -definitionen sowie Prioritätensetzung		keiner ▓▓▓ dringend
	Affektregulation / Ausgleich negativer Emotionen		keiner ▓▓▓ dringend
	Stärken der Selbstwirksamkeit		keiner ▓▓▓ dringend

Abb. 4.1 Mögliche Stärken und Schwächen des Stressmanagement-Portfolios

Tab. 4.1 Beispiel für ein Ernährungsprotokoll

Uhrzeit	Mo	Di	Mi	Do	Fr	Sa	So
Bis 8 Uhr							
8–9 Uhr							
10–11 Uhr							
11–12 Uhr							
12–13 Uhr							
13–14 Uhr							
14–15 Uhr							
15–16 Uhr							
16–17 Uhr							
17–18 Uhr							
19–20 Uhr							
20–21 Uhr							
21–22 Uhr							
Nach 22 Uhr							

Quelle: Eigene Darstellung, in Anlehnung an: Hautzinger, 2011b, S. 309.

von Tages- und Wochenprotokollen bereits eine therapeutische Funktion zuge-
wiesen werden (vgl. ebenda). Nach einem Zeitraum von drei Wochen sollte
nach Hautzinger das fortlaufende Protokoll ausgesetzt werden, da eine längerfris-
tige Anwendung unter Einbezug der Zusatzbelastung der Dokumentation oftmals
unrichtige Angaben hervorbringt. Anzuraten ist daher, die Protokollierung zu
einem späteren Zeitpunkt wieder aufzunehmen und entsprechende Veränderungen
zu notieren (vgl. ebenda, S. 310).

Für die verschiedenen Einsatzbereiche werden nachfolgend Optionen zur
konkreten Umsetzung aufgezeigt. Je nach Zielsetzung lässt sich dabei das Ernährungsprotokoll (palliativ-regeneratives Stressmanagement) ebenfalls in ein Akti-
vitätenprotokoll sowie einen Tages- bzw. Wochenplan und damit in Instrumente
des instrumentellen Stressmanagements umfunktionieren.

**Schlaf- und Ernährungsprotokolle als Instrumente des palliativ-regeneratives
Stressmanagements** (Siehe Tab. 4.1 und 4.2).

Auf eine doppelte Ausführung der Dankbarkeits- bzw. Achtsamkeitsdokumenta-
tion wird an dieser Stelle verzichtet (vgl. Tab. 3.3). Eine ähnliche Umsetzungshilfe
findet sich für den Bereich des kognitiven Stressmanagements bzw. der kognitiven

Tab. 4.2 Beispiel für ein Schlafprotokoll

Uhrzeit	Mo	Di	Mi	Do	Fr	Sa	So
Zubettgehzeit							
Einschlafdauer geschätzt							
Schlafdauer geschätzt							
Schlafqualität							
Aufwachzeitpunkt							
Aufstehzeitpunkt							
Gefühlte Fitness von 1–10 nach dem Aufstehen							
Nickerchen (Uhrzeit und Dauer)							
Schlafstörung							

Quelle: Kampmann, 2020, S. 58.

Therapie beispielsweise auch im Form eines Protokolls negativer Gedanken (vgl. Hautzinger, 2011c, S. 249; vgl. hierzu auch Tab. 3.4).

Gedankenprotokolle als Instrumente des kognitiven Stressmanagements bzw. der kognitiven Therapie (Siehe Tab. 4.3).
Hautzinger beschreibt das Gedankenprotokoll als hilfreiche Unterstützung zur Analyse und Entdeckung automatisierter kognitiver Muster und damit als Chance, diese zu verändern. Gleichzeitig erfolgt ein Zugang zu Selbsthilfemethoden, auf die jederzeit eigenständig zugegriffen werden kann (vgl. 2011c, S. 251). Hillert und Albrecht merken an, dass sich die individuellen Stressreaktionen eines Individuums verändern, sobald dieses zum wiederholten Mal erlebt, spezifische Stress-Situationen erfolgreich bewältigen zu können (vgl. 2020, S. 30; Meyer, 2021, S. 16).

Tab. 4.3 Beispiel für ein Protokoll negativer Gedanken

Auslöser/Situation	Gefühl	Automatische Gedanken	Realistische Gedanken	Ergebnis
Wochenende, schon fast 12 Uhr, noch immer antriebslos im Bett	Müde, ausgelaugt, demotiviert	Keine Lust und Kraft aufzustehen. Ich schaffe das ohnehin nicht.	Wenn ich erst mal angefangen habe, wird es schon gehen. Ich habe die Kraft aufzustehen und zu tun, was mir Freude bereitet. Alles geht vorüber. Ich vertraue auf mich.	Erleichterung, Aufstehen ca. 20–30 min. später. Aufbruch zum Spaziergang.

Quelle: in Anlehnung an: Hautzinger, 2011c, S. 250; Kaluza, 2011, S. 114; Siebecke & Kaluza, 2014, S. 91; Causevic & Endemann, 2019, S. 80 ff.

Fazit

Die heutige Arbeitswelt 4.0 generiert oftmals einen Druck, dem Mitarbeiter und Unternehmer nicht ohne Weiteres standhalten können. Überleben wird zu einer Frage von Flexibilität, Veränderung sowie neuer Bewältigungs- und Anpassungskompetenzen (vgl. Würzburger, 2019, S. 8 f. und 10; Eilers et al. 2018, S. 17; Strobel, 2015, S. 29; Meyer, 2021). Fessler legt weiterhin dar, dass für ein erfolgreiches Bestehen in diesen aktuellen Arbeits- und damit stressfördernden Rahmenbedingungen ein „gesunder Egoismus" erforderlich ist, um die Belastung in Grenzen zu halten (vgl. 2018, S. 12; Meyer, 2021, S. 44). Neben den Chancen der digitalisierten Arbeit gilt es so auch, gezielt mit den Risiken umzugehen und physische sowie psychische Erkrankungen zu vermeiden (vgl. Gerdenitsch & Korunka, 2019, S. 182). Probleme entstehen immer dann, wenn sich Menschen mit zu geringen Stress- und Selbstführungskompetenzen in einer Arbeitswelt wiederfinden, in der diese vorausgesetzt werden. Damit liegt der Schlüssel zum Erfolg in der VUCA-Welt nicht mehr „nur" darin, qualifiziert einen Beruf zu erlernen. Von Bedeutung ist es ebenfalls, grundlegende Selbstführungs- und Stressmanagementkompetenzen zu erwerben und dafür Lernwille und Veränderungsbereitschaft aufzubringen (vgl. Gerdenitsch & Korunka, 2019, S. 181).

Dabei gilt es, sich bei der Umsetzung von zunächst Schwierigem nicht gleich aus dem Konzept bringen zu lassen und dieses durch regelmäßiges Üben in Alltägliches zu wandeln (vgl. Löhmer & Standhardt, 2012, S. 76; Strobel, 2015, S. 15; Meyer, 2021, S. 47) bzw. in Umsetzungskompetenz zu überführen (vgl. Pelz, 2017, S. 104 f.) – wozu Apps, Selbstbeobachtungen und Verhaltensanalysen einen wertvollen Beitrag leisten können (vgl. Loew, 2019, S. 80; Hautzinger, 2011a, S. 309; Kampmann, 2020, S. 58).

© Der/die Autor(en), exklusiv lizenziert durch Springer Fachmedien Wiesbaden GmbH, ein Teil von Springer Nature 2021
K. Meyer, *Ausgewählte Stressmanagement-Methoden für die VUCA-Welt*, essentials, https://doi.org/10.1007/978-3-658-35874-7_5

Was Sie aus diesem *essential* mitnehmen können

- Sie kennen die Relevanz von Stressmanagement für Fach- und Führungsaufgaben sowie eine unternehmerische Tätigkeit in einer immer dynamischer und komplexer werdenden Welt (VUCA-Welt)
- Sie haben einen Überblick über die wesentlichen Elemente des multimodalen Stressmanagements
- Sie verstehen die Zusammenhänge für die betriebswirtschaftliche Praxis
- Sie reflektieren eigenes Verhalten bzw. das Verhalten von Fach- und Führungskräften sowie Unternehmern
- Sie verbessern Ihr eigenes Selbstmanagement bzw. das Ihres Unternehmens als Basis für die zukünftige Wettbewerbsfähigkeit

Literatur

Ärzteblatt. (2021). FDP fordert mehr Daten zur Prävention von Medikamentenmissbrauch. https://www.aerzteblatt.de/nachrichten/121344/FDP-fordert-mehr-Daten-zur-Pra evention-von-Medikamentenmissbrauch. Zugegriffen: 28. Apr. 2021.

APA American Psychological Association. (2014). Coping with stress at work. Working hard should not be confused with overworking at the expense of relationships and physical health. https://www.apa.org/topics/work-stress. Zugegriffen: 13. Jan. 2021.

Byron, K. (2002). *Lieben was ist – Wie vier Fragen Ihr Leben verändern können.* Goldmann.

Causevic, E., & Endemann, C. (2019). *Stress bewältigen – Entspannt studieren.* Verlag Ferdinand Schöningh.

Deutscher Bundestag. (1998). Abschlußbericht der Enquete-Kommission „Schutz des Menschen und der Umwelt – Ziele und Rahmenbedingungen einer nachhaltig zukunftsverträglichen Entwicklung, Konzept Nachhaltigkeit, Vom Leitbild zur Umsetzung". https:// dipbt.bundestag.de/doc/btd/13/112/1311200.pdf. Zugegriffen: 10. Febr. 2021.

DGE, Deutsche Gesellschaft für Ernährung e. V. (2021). Vollwertig essen und trinken nach den 10 Regeln der DGE. https://www.dge.de/ernaehrungspraxis/vollwertige-ernaehrung/ 10-regeln-der-dge/?L=0. Zugegriffen: 10. Febr. 2021.

Eilers, S., Möckel, K., Rump, J., & Schabel, F. (2018). HR-Report 2018. Schwerpunkt Agile Organisation auf dem Prüfstand. Eine empirische Studie des Instituts für Beschäftigung und Employability IBE im Auftrag von Hays für Deutschland, Österreich und die Schweiz. https://www.hays.at/personaldienstleistung-aktuell/studie/hr-report-2018-schwerpunkt-agile-organisation-auf-dem-pruefstand. Zugegriffen: 16. Dez. 2020.

Fessler, N. (2018). *Körper-Achtsamkeit. Das Basistraining für Einsteiger.* Hofmann-Verlag.

fitmedi, Deutsche Akademie für Gesundheit und Kompetenzentwicklung. (2020). *Handbuch zur Ausbildung Meditationslehrer/in, Modul – 1 B.*

Gallup. (2018). Engagement Index 2018. *Pressegespräch vom, 29*(08), 2018.

Gerdenitsch, C., & Korunka, C. (2019). *Digitale Transformation der Arbeitswelt. Psychologische Erkenntnisse zur Gestaltung von aktuellen und zukünftigen Arbeitswelten.* Springer.

GKV-Spitzenverband. (2020). Leitfaden Prävention Handlungsfelder und Kriterien nach § 20 Abs. 2 SGB V, Handlungsfelder und Kriterien nach § 20 Abs. 2 SGB V zur Umsetzung der §§ 20, 20a und 20b SGB V vom 21. Juni 2000 in der Fassung vom 14. Dezember 2020. https://www.gkv-spitzenverband.de/media/dokumente/krankenversi

cherung_1/praevention__selbsthilfe__beratung/praevention/praevention_leitfaden/Leitfa
den_Pravention_2020_barrierefrei.pdf. Zugegriffen: 6. Febr. 2021.

Gutensohn, D., & Kirschgens, L. (2021). Ich dreh' gleich durch! Homeoffice plus Home-schooling schlaucht. Zu wenige Firmen tun etwas gegen den Corona-Burn-out. https://www.zeit.de/2021/15/corona-burn-out-home-office-homeschooling-psychische-belast ung-unternehmen?utm_referrer=https%3A%2F%2Fwww.google.com%2F. Zugegriffen: 25. Mai 2021.

Hautzinger, M. (2011a). *Selbstbeobachtung*. In M. Linden & M. Hautzinger (Hrsg.), *Verhaltenstherapiemanual* (7. vollständ.überarb. und erw. Aufl., S. 257–264). Springer.

Hautzinger, M. (2011b). Tages- und Wochenprotokolle. In M. Linden & M. Hautzinger (Hrsg.), *Verhaltenstherapiemanual* (7. vollständ. überarb. und erw. Aufl., S. 309–312). Springer.

Hautzinger, M. (2011c). Protokoll negativer Gedanken (Spaltenprotokoll). In M. Linden & M. Hautzinger (Hrsg.), *Verhaltenstherapiemanual* (7. vollständ. überarb. und erw. Aufl., S. 249–252). Springer.

Hasenbein, M. (2020). *Der Mensch im Fokus der digitalen Arbeitswelt, Wirtschaftspsychologische Perspektiven und Anwendungsfelder*. Springer.

Hillert, A., & Albrecht, A. (2020). *Burn-out – Stress – Depression. Interdisziplinäre Strategien für Ärzte, Therapeuten und Coaches*. Elsevier.

Hillert, A., Koch, S., & Lehr, D. (2018). *Burnout und chronischer beruflicher Stress. Ein Ratgeber für Betroffene und Angehörige:Bd. 39. Ratgeber zur Reihe Fortschritte der Psychotherapie*. Hogrefe.

Hochstrasser, B., Brühlmann, T., Cattapan, K., Hättenschwiler, J., Holsboer-Tsachsler, E., Kawohl, W., Schulze, B., Seifriz, E., Schaufeli, W., Zemp, A., & Keck, M. E. (2016). Burnout-Behandlung Teil 2: Praktische Empfehlungen. *Swiss Medical Forum – Schweizerisches Medizinforum, 16*(26–27), 561–566.

Kaluza, G. (2011). *Stressbewältigung. Trainingsmanual zur psychologischen Gesundheitsförderung* (2. vollständig überarbeitete Aufl.). Springer.

Kaluza, G., & Chevalier, A. (2017). Stressbewältigungstrainings für Erwachsene. In R. Fuchs & M. Gerber (Hrsg.), *Handbuch Stressregulation und Sport* (S. 143–162). Springer.

Kaluza, G., & Franke, P. (2018). Stressbewältigungstraining – Schritt für Schritt. *PSYCH up2date, 12*, 356–359.

Kampmann, K. (2020). *Schlaf als Erfolgsfaktor für Fach- und Führungskräfte, Wettbewerbsfaktor gesunder Schlaf*. Beck.

Knoob, D. (2008). Mit negativen Emotionen professionell umgehen. Frustrations- und Ambiguitätstoleranz als Kernkompetenz von Weiterbildnern. *DIE Zeitschrift für Erwachsenenbildung, 15*(3), 45–48.

Kok, J., & Jordaan, B. (2019). The Metanarraphors We Lead and Mediate by: Insights from Cognitive Metaphor Theory in the Context of Mediation in a VUCA World. In J. Kok & S. C. van den Heuvel (Hrsg.), *Leading in a VUCA World, Integrating Leadership, Discernment and Spirituality* (S. 1–26). Springer.

Kuhl, J. (2010). *Lehrbuch Persönlichkeitspsychologie, Motivation, Emotion und Selbststeuerung*. Hogrefe.

Kuhl, J., & Kaschel, R. (2004). Entfremdung als Krankheitsursache: Selbstregulation von Affekten und integrative Kompetenz [Alienation as a determinant of symptom formation:

Self-regulation of affect and integrative competence]. *Psychologische Rundschau, 55*(2), 61–71. https://doi.org/10.1026/0033-3042.55.2.61

Laude, B. (2021). Auch Reisen macht gesund. https://www.welt.de/reise/deutschland/art icle228000503/Burnout-wegen-Corona-Auch-das-Reisen-macht-gesund.html. Zugegriffen: 25. Mai 2021.

Löhmer, C., & Standhardt, R. (2012). *Timeout statt Burnout. Einübung in die Lebenskunst der Achtsamkeit.* Klett Cotta.

Loew, T. H. (2019). *Langsamer atmen, besser leben. Eine Anleitung zur Stressbewältigung.* Psychosozial-Verlag.

Meichenbaum, D. (2003). *Intervention bei Stress. Anwendung und Wirkung des Stressimpfungstrainings* (2. revidierte und ergänzte Aufl.). Huber.

Meyer, K. (2021). *Multimodales Stressmanagement, Rüstzeug für die VUCA-Welt.* Springer.

Meyer, K. (2020). Die weibliche Gen Z – (k)eine Generation von Unternehmerinnen? Ein Vergleich der jungen Generation mit dem Profil erfolgreicher Unternehmerinnen. *IUBH Discussion Paper, Business & Management, No. 9/2020.*

Meyer, K. (2019). *Persönlichkeitsmerkmale, Selbststeuerung und Schlüsselkompetenzen erfolgreicher Unternehmerinnen. Eine empirische Studie mit erziehungswissenschaftlichen Implikationen.* Dissertation der Friedrich-ScHillert-Universität Jena.

Nürnberg, V. (2020). Corona: Burnout durch Homeoffice. https://www.vfa-patientenportal. de/erkrankungen/covid19/corona-burnout-durch-homeoffice. Zugegriffen: 7. Dez. 2020.

Offensive Mittelstand – Gut für Deutschland. (Hrsg.). (2017). *INQA-Check „Personalführung", Selbstbewertung für Führungsqualität und zur Vorbereitung auf den demografischen Wandel* (2. Aufl.). https://www.inqa-check-personalfuehrung.de/check-personal/ daten/mittelstand/pdf/inqa-check-personalf.pdf. Zugegriffen: 7. Apr. 2021.

Personalwirtschaft. (2019). Jeder sechste Mitarbeiter hat innerlich gekündigt. https://www. personalwirtschaft.de/fuehrung/artikel/deutsche-arbeitnehmer-bemaengeln-fehlende-unt erstuetzung-bei-digitaler-weiterbildung.html. Zugegriffen: 14. Sept. 2021.

Pelz, W. (2017). Umsetzungskompetenz als Schlüsselkompetenz für Führungspersönlichkeiten: Eine theoretische und empirische Analyse. In C. von Au (Hrsg.), *Führung im Zeitalter von Diversity und Veränderung.* Springer.

Pfeifer, S. (2012). *Stress und Burnout verstehen und bewältigen, Seminarheft Psychiatrie und Seelsorge* (3. überarb. Aufl.). Psychiatrische Klinik Sonnenhalde.

Pilz-Kusch, U. (2020). *Burnout, Frühsignale erkennen – Kraft gewinnen, Das Praxisübungsbuch für Trainer, Berater und Betroffene* (2. Aufl.). Beltz.

Seiwert, L. (2014). *Kursbuch ZEITNAH LEBEN – Wie Sie Ihre Lebensbalance auf Kurs bringen* (4. Aufl.). https://lothar-seiwert.de/wp-content/uploads/2019/12/Seiwert_Kursbuchzeitnah-leben.pdf. Zugegriffen: 19. Febr. 2021.

Schumacher, F., & Geschwill, R. (2013). *Employer Branding, Human Resources Management für die Unternehmensführung.* Gabler.

Siebecke, D., & Kaluza, G. (2014). Stressmanagement. In C. Lorei & F. Hallenberger (Hrsg.), *Grundwissen Stress* (S. 47–84). Verlag für Polizeiwissenschaft.

Speidel, J. (2019). Praxispapier Zukünftige Ausrichtung der Personalentwicklung, Publikationsreihe DGFP-PraxisPapiere, Deutsche Gesellschaft für Personalführung e. V. (Hrsg.). https://www.dgfp.de/fileadmin/user_upload/DGFP_e.V/Medien/Publikationen/ Praxispapiere/201901_Praxispapier_Zukunft.pdf. Zugegriffen: 20. Dez. 2020.

Stangl, W. (2021). Stichwort: ‚Meditation'. Online Lexikon für Psychologie und Pädagogik. https://lexikon.stangl.eu/418/meditation. Zugegriffen: 20. Febr. 2021.

Statista. (2021). Gesamte Ausgaben im Gesundheitswesen in Deutschland im Zeitraum der Jahre 1980 bis 2018. https://de.statista.com/statistik/daten/studie/39013/umfrage/aus gaben-im-gesundheitswesen-in-deutschland/. Zugegriffen: 28. Apr. 2021.

Storch, M. (2009). Mottoziele, S.M.A.R.T.-Ziele und Motivation. In Coachingwissen. Denn sie wissen nicht, was sie tun? (S. 183–205). VS Verlag/GWV Fachverlage GmbH.

Storch, M., & Kuhl, J. (2016). *Die Kraft aus dem Selbst, Siegen PsychoGyms für das Unbewusste* (3. unv Aufl.). Hogrefe & Huber.

Strobel, I. (2015). *Stressbewältigung und Burnout-Prävention. Einzelberatung und Leitfaden für Seminare*. Haug.

Wiking, M. (2016). *Hygge. Ein Lebensgefühl, das einfach glücklich macht*. Lübbe.

Würzburger, T. (2018). *Die Agilitätsfalle, Wie Sie in der digitalen Transformation stabil arbeiten und leben können*. Verlag Franz Vahlen GmbH, https://doi.org/10.15358/978380065 9289-I.

Zarbock, G., Axmann, A., & Rinter, S. (2019). *Achtsamkeit für Psychotherapeuten und Berater* (2. Aufl.). Beltz.

}essentials{

Karin Meyer

Multimodales Stressmanagement

Rüstzeug für nachhaltige Stabilität
und Balance in der VUCA-Welt

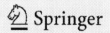

Printed in the United States
by Baker & Taylor Publisher Services